AF308090

« L'Histoire toute entière était un palimpseste gratté et réécrit aussi souvent que c'était nécessaire. Le changement effectué, il n'aurait été possible en aucun cas de prouver qu'il y avait eu falsification. »

George Orwell, « *1984* »

Dans les mêmes Editions

- Nas E. Boutammina, « Musulmophobie - Origines ontologique et psychologique », Edit. BoD, Paris [France], décembre 2009.
- Nas E. Boutammina, « Les Jinn bâtisseurs de pyramides…? », Edit. BoD, Paris [France], janvier 2010.
- Nas E. Boutammina, « Moïse ou Moūwça ? », Edit. BoD, Paris [France], janvier 2010.
- Nas E. Boutammina, « Abraham ou Ibrāhiym ? », Edit. BoD, Paris [France], février 2010.
- Nas E. Boutammina, « Mahomet ou Moūhammad ? », Edit. BoD, Paris [France], mars 2010
- Nas E. Boutammina, « Le Jinn, créature de l'invisible », Edit. BoD, Paris [France], janvier 2011.
- Nas E. Boutammina, « Français musulman - Perspectives d'avenir ? », Edit. BoD, Paris [France], mai 2011.
- Nas E. Boutammina, « Judéo-Christianisme - Le mythe des mythes ? », Edit. BoD, Paris [France], juin 2011.
- Nas E. Boutammina, « Les contes des mille et un mythes - Volume I », Edit. BoD, Paris [France], juillet 2011.
- Nas E. Boutammina, « Y-a-t-il eu un temple de Salomon à Jérusalem ? », Edit. BoD, Paris [France], aout 2011.
- Nas E. Boutammina, « Les contes des mille et un mythes - Volume II », Edit. BoD, Paris [France], novembre 2011.
- Nas E. Boutammina, « Les ennemis de l'Islam - Le règne des Antésulmans - Avènement de l'Ignorance, de l'Obscurantisme et de l'Immobilisme », Edit. BoD, Paris [France], février 2012.
- Nas E. Boutammina, « Le secret des cellules immunitaires - Théorie bouleversant l'Immunologie [The secrecy of immune cells - Theory upsetting Immunology] », Edit. BoD, Paris [France], mars 2012.
- Nas E. Boutammina, « Le Rétablisme », Edit. BoD, Paris [France], septembre 2013.
- Nas E. Boutammina, « Le Livre bleu I - Du discours social - La population est du bétail…», Edit. BoD, Paris [France], août 2014.

• NAS E. BOUTAMMINA, « Comprendre la Renaissance - Falsification et fabrication de l'Histoire de l'Occident », Edit. BoD, Paris [France], avril 2015. 2ᵉ édition.
• NAS E. BOUTAMMINA, « Connaissez-vous l'Islam ? », Edit. BoD, Paris [France], avril 2015. 2ᵉ édition.
• NAS E. BOUTAMMINA, « Le Malāk, entité de l'Invisible », Edit. BoD, Paris [France], mai 2015.
• NAS E. BOUTAMMINA, « Jésus fils de Marie ou Hiyça ibn Māryām ? », Edit. BoD, Paris [France], juin 2015. 2ᵉ édition.

Collection Anthropologie de l'Islam

• NAS E. BOUTAMMINA, « Apparition de l'Homme - Modélisation islamique - Volume I », Edit. BoD, Paris [France], septembre 2010.
• NAS E. BOUTAMMINA, « L'Homme, qui est-il et d'où vient-il ? - Volume II », Edit. BoD, Paris [France], octobre 2010.
• NAS E. BOUTAMMINA, « Classification islamique de la Préhistoire - Volume III », Edit. BoD, Paris [France], novembre 2010.
• NAS E. BOUTAMMINA, « Expansion de l'Homme sur la Terre depuis son origine par mouvement ondulatoire - Volume IV », Edit. BoD, Paris [France], décembre 2010.

Collection Œuvres universelles de l'Islam

• NAS E. BOUTAMMINA, « Les Fondateurs de la Médecine », Edit. BoD, Paris [France], septembre 2011.
• NAS E. BOUTAMMINA, « Les Fondateurs de la Chimie », Edit. BoD, Paris [France], octobre 2013.
• NAS E. BOUTAMMINA, « Les Fondateurs de la Pharmacologie », Edit. BoD, Paris [France], novembre 2014.

Nas E. Boutammina

Index Historum Prohibitorum

Introduction

A.R. Ibn-Khaldun [1] le fondateur des Sciences humaines définit l'Histoire : « *Il faut insister sur l'examen impartial de l'ensemble des écrits ou historiographie décrivant tous les faits connus de la vie des individus et des sociétés passées. Il faut découvrir les événements antérieurs et d'en fournir un exposé exact qui implique l'influence de nombreuses disciplines auxiliaires [économie, politique, ethnologie, psychologies, etc.] et formes littéraires. L'objectif est de réunir et de rédiger tous les faits du passé des hommes afin de mettre à jour de nouveaux évènements. Il faut rejeter toute information suspecte et faire preuve d'esprit critique et d'impartialité. Les phénomènes événementiels sociaux s'étudient de manière analytique et dialectique. Il faut combattre le démon du mensonge avec la lumière de la raison.* »

Il est essentiel d'analyser l'*Histoire* et l'*Historiographie* avec une nette tendance à la remettre en question, à la réexpliquer afin de la corriger, de la *rétablir* vers son authenticité.

Elle est nécessaire et fort naturellement motivée car il faut se rappeler que leur origine est des plus suspectes, surtout dans la façon dont elle a été fabriquée ; c'est du

---

[1] A.R. IBN-KHALDUN, « *Muqaddima,* [« *Les Prolégomènes* »] » - « *Kitāb al-Ibar* [« Livre des considérations sur l'histoire universelle »] »

[2] *Scientisme.* Attitude consistant à considérer que toute connaissance ne peut être atteinte que par les sciences, particulièrement les sciences

moins ainsi que toute une tradition historico-historiographique a prit vie à l'époque médiévale, s'est révélée à la Renaissance entre *conceptualisation ecclésiastique et théorisation humaniste*.

L'intégrisme historique et historiographique orthodoxe a produit une masse considérable de textes, une véritable hégémonie. Cette masse documentaire provient d'une source historique d'importance, douteuse qui, en fait, n'a cessé d'être exploitée méthodiquement jusqu'à nos jours. Pour la plupart, les ouvrages dits « *historiques* » qui traitent ou abordent la question, par exemples, de l'apport réel de la *Civilisation de l'Islam Classique* [*CIC*] aux sociétés occidentales ou les fondateurs authentiques des Sciences expérimentales, ne sont que des pièces [lorsqu'il y en a] de la polémique, sans réelle valeur scientifique.

Dans ce type de polémique, le souci des *historiens attitrés [fonctionnaires]* est de montrer que leur pensée s'identifie à l'orthodoxie de leurs pairs humanistes, fondateurs de la tradition historique et historiographique orthodoxe, à l'encontre de toutes les novations historico-historiographiques hétérodoxes jugées par eux « *apocryphes* » ou « *non-européocentriques* ».

Au sens le plus général, le *dogmatisme historique et historiographique orthodoxe* est devenu le synonyme d'intolérance, d'absolutisme, d'étroitesse d'esprit et de raideur. Il s'insurge contre quiconque [*rétabliste*] remet en question l'acquis historico-historiographique ancestral.

Le problème étant ainsi replacé à son véritable niveau, qui est celui de la *Vérité*, il est donc nécessaire, pour le décrire d'évoquer le courant de pensée du *Rétablisme* qui s'attache par ses actions intellectuelles notamment, à établir la remise en question de l'*Orthodoxie historique* [*Histoire orthodoxe*]. Tel est le nœud du problème de l'Histoire actuelle.

Au delà même du contenu de l'Histoire et de l'Historiographie, c'est la phénoménologie de l'*historicité* qui demande à être réévaluée par une critique radicale. Il s'agit de l'éthique des valeurs ce celle-ci du point de vue de son sens qui doit aider à éclaircir et à fonder phénoménologiquement le problème ou l'objet de l'Histoire. En se rattachant à l'idée de la phénoménologie considérée comme recherche a priori de l'essences de l'historicité, il s'agit de la valeur historique, en tant qu'authenticité [Vérité], sans éluder la question des rapports de cette dernière avec le système à priori réel et concret, des valeurs aux expériences historiques.

I - Qu'est-ce que l'Histoire ?

A - Généralités

1 - Définition

L'histoire est la recherche, connaissance, reconstruction du passé de l'Humanité sous son aspect général ou sous des aspects particuliers, selon le lieu, l'époque, le point de vue choisi ; ensemble des faits, déroulement de ce passé.

a - Historien

L'historien est celui qui se consacre à l'Histoire, qui raconte, analyse des faits, des aspects du passé, rédige des ouvrages d'histoire, enseigne cette discipline.

b - Historiographie

L'historiographie est l'activité de celui qui écrit l'histoire de son temps ou des époques antérieures. Ouvrage, ensemble d'ouvrages résultant de cette activité.

2 - Avant l'apparition de l'Histoire : la tradition orale

Toutes les sociétés humaines se sont développées sans autres procédés de transmission de l'information que la parole humaine et sans autre technique de stockage que celle de la mémoire. Il s'agit de la « *tradition orale* ». Cette dernière concerne des systèmes socioculturels très variés quant aux modalités de communication et de mémorisation.

En insistant sur la sphère culturelle européenne, le phénomène de *l'oralité* caractérise donc un domaine immense tels que les phénomènes aussi hétéroclites que la littérature orale, les généalogies, les rituels, les us et coutumes, les métiers et les arts, les formules, etc., légués par les générations antérieures qui renvoient au passé des sociétés européennes, et notamment celles de la Rome et la Grèce antique. Dans l'Antiquité [Egypte, Perse, Mésopotamie, Rome, Grèce, etc.] le peu d'écriture qui constitue une matière peu abondante pour ne pas dire pratiquement insignifiante étant l'apanage de l'aristocratie guerrière et du clergé qui rédigeaient des chroniques, des épopées, des rites religieux, des prières sacrées qu'ils diffusaient entre eux. Quant aux populations qui étaient à leur service [artisans, marchands, agriculteurs, esclaves, etc.] elles vivaient sans autre moyen de communication que la parole. Elles étaient plongées dans l'oralité la plus totale.

La tradition orale est le *processus* qui transmet les informations et les usages, mais aussi comme l'ensemble des énoncés de portée générale comme les mythes de fondation de société, les légendes ou encore les chroniques locales ou dynastiques, contes, rites et coutumes. Ceux-ci forment un héritage oral intégré dans la culture sociale dans laquelle toute distinction réelle ou fictive apparaît inextricable. Ainsi, les spécialistes qui formulent des théories universelles sur des phénomènes historiques n'ont pas cessé de les relier systématiquement à la transmission écrite des récits. C'est pourquoi bien des hypothèses se réduisent à énumérer certaines propriétés récurrentes de l'historiographie sans en proposer ni explication, ni preuve.

a - Le témoignage oral : authenticité et pertinence

Les cultures à tradition orale, c'est à dire les sociétés de l'Antiquité et la plupart de celles du Moyen-Âge, sont soumises à un paradoxe caractéristique. La mémoire [individuelle ou de groupe] présente un moyen de stockage des informations évidemment limité. Exclusivement utilisé, celui-ci est abandonné à lui-même [absence de contrôle, corruption de l'exactitude, etc.] ce qui engendre d'autant plus maintes erreurs. Ainsi, l'accent mis sur l'immuabilité de la tradition orale, sur sa fidélité quant à la chaîne de transmission qui débouche sur la version actuelle reste inconcevable, voire chimérique. Il n'existe pas dans la culture au format oral de version originale d'un récit ou d'un rituel, mais un foisonnement de versions prétendantes à la légitimité traditionnelle.

Les paroles ou les dires de la tradition orale s'évaluent généralement en termes d'*exactitude*, de *fidélité* dans la restitution des données du passé. Certes, le critère le plus simple pour considérer ces derniers est le fonctionnement cognitif de la mémoire. Celle-ci ne peut se comparer aux divers supports graphiques [ou informatiques] de stockage de l'information. Son caractère [exercice de la mémoire] ne comporte pas uniquement en un *stockage*, mais notamment en une opération de *traitement* des informations. En effet, percevant des informations variées d'origine sensorielle et conceptuelle, la mémoire doit ordonner, coordonner, écarter, modifier continuellement, sous peine de saturation définitive. Le traitement *mnémonique* des informations est un processus intégrant des caractéristiques psychologiques. Ces dernières ont des effets sérieux pour l'exercice de la transmission traditionnelle. Elles provoquent la mémorisation des événements particulièrement marquants ou pertinents comme la récitation de mythes, l'exécution d'un rituel, etc. Quand le récit ou l'histoire est mémorisée, c'est qu'on y est arrivé en réunissant certaines idées, en les classant, en y adjoignant diverses indications conceptuelles, etc. Ce traitement ou *arrangement* de l'évènement [récit, histoire] en mémoire comporte un éventail de sélection ou d'options plus ou moins automatiques et inconscients dans l'accommodement des données. Aussi, les évènements ou versions des évènements renfermant le plus d'effets sur le système de figurations et de croyances du sujet disposent sûrement plus de chances d'être protégés et sauvegardés dans la mémoire que les événements ou versions ne comprenant que peu de suites de cet ordre.

Pour les *historiens attitrés* [fonctionnaires], le document oral est d'autant plus captivant ou pertinent qu'on peut le supposer exact, transmis à l'identique à travers les générations. Dans les processus mnémoniques, le lien entre pertinence et authenticité se confond forcément. Un évènement [mythe, rituel, etc.] peut procurer une certaine dimension psychologique de par ses effets cognitifs et, notamment, il semble parfois révéler des messages pertinents ou des vérités élémentaires. Plus généralement, il se distingue dans la masse des actes [comportements, agissements, opérations, etc.] et discours perçus. De ce fait, les auditeurs auront tendance à le percevoir comme authentique, à le croire transmis depuis des générations. Conséquemment, l'historien trouve ce type de documents dignes d'intérêts dans la mesure où ils sont fidèles. On trouve l'expression la plus claire de ce désordre dans l'étude des textes ou documents prétendument historiques mais qui sont, en réalité, de traditions orales ; certains spécialistes soucieux d'utiliser ces matériaux ont bâti l'Histoire et échafauder l'Historiographie sur la base de ces sources orales sans aucune critique.

Ce genre d'attitude conduit à ne plus être vigilant et à ne plus accorder de nuance objective à la valeur et aux critères du document oral, bien souvent considérés comme des témoignages des faits, utilisables par l'historien [attitré] lorsqu'ils portent sur les événements passés. Il est essentiel de préjuger de la *transparence* et de la *traçabilité* des données orales, supposées refléter l'histoire [représentations et croyances].

b - La « littérature » orale

Les expressions « *littérature orale* » ou « *production littéraire orale* » traditionnelle rencontrent d'emblée une problématique essentielle, celle du *contenu de leurs objets* qui vont des mythes d'origine aux aventures épiques ou à la poésie lyrique, les dictons, les énigmes, les formules *gnomiques*, les incantations magiques ou surnaturelles.

Tout cela a en commun que leur production est justement ni fixée, ni transmise à l'aide de *lettres* ou autres signes graphiques. Dès lors, l'oralité n'est pas comparable à ce qui est retrouvée dans les cultures écrites qui sont des *œuvres* suggérant une réalité à la fois limitée et relativement stable.

Les récits de la tradition orale ne sont pas des textes figés ; ils se changent, sont transformés continuellement d'une récitation à une autre. Il est très difficile dans l'assortiment des versions légèrement différentes, de distinguer à quel moment une œuvre est-elle nouvelle ou a-t-elle plutôt subit une modification supplémentaire. La notion fondamentale d'*auteur* si caractéristique dans la littérature écrite n'existe pas dans la tradition orale. Les récitateurs transmettent et *recréent* à la fois, ils ne sont pas créateurs.

Les propriétés fondamentales de l'oralité en ce qui concerne les sociétés occidentales sont déterminées pour l'historien comme constitutive d'une source, précieuse, souvent fiable car fixée par l'écrit et institutionnalisée pendant la Renaissance. Pour l'ethnologue, elle fournit une voie d'accès royale aux croyances car elle participe à la transmission de systèmes de représentations [rituels, dogmes, etc.] mais sans auteurs identifiables.

3 - Valeur et sens de l'Histoire

Le terme *histoire* indique aussi bien ce qui s'est produit que l'évènement survenu. Aussi, l'histoire se présente autant comme une suite de faits que le récit de ceux-ci. Soit ces derniers se sont vraiment déroulés et il s'agit de récit d'événements authentiques, donc de l'*Histoire* [scientifique], par opposition à l'œuvre romanesque, forme littéraire entremêlant le réel et l'imaginaire. Par sa prescription à la recherche de la réalité, donc de la vérité établit comme une règle, l'Histoire, en tant que discipline, se rattache à la science. De ce fait, elle est une activité du Savoir. Cependant l'Histoire ne répond pas tout à fait à la science, compris au sens étroit c'est à dire à des disciplines comme celles de la *Physique* ou de la *Biologie*. En effet, l'Histoire est quête de la compréhension des faits, c'est-à-dire d'évènements, alors que la science [expérimentale] est connaissance des lois qui régissent les faits. Par exemple, la physique établit les *lois de la combustion* et de la *Thermodynamie* ; si un historien se consacrait à la combustion, ce serait pour relater l'apparition et la fonction utilitaire ou symbolique du feu ou du combustible.

Il en résulte qu'un fait historique ne survient qu'une fois et qu'un fait physique se répéterait à l'infini et n'est nullement unique, dans l'espace et le temps. Il existe une histoire des faits physiques mais elle est encore d'ordre scientifique, telle l'*Astronomie* [par exemple, l'histoire du système solaire] ou la *Géologie* [l'histoire de la Terre, par exemple].

Lorsqu'il est fait allusion aux sciences correspondantes aux évènements humains, on parle de « *Sciences humaines* », comme les théories générales économiques ou linguistiques. Toutefois, ces « *Sciences humaines* » ne relateront pas ce qui est advenu aux humains : elles énonceront des lois correspondantes à des faits ou des actes humains.

a - L'attitude devant l'Histoire

Par définition, il n'est d'histoire que de ce qui change. Ainsi, quantitativement, l'histoire de telle société humaine [par exemple, gréco-romaine] remplit plus de volumes que celle des autres [par exemple, perse, mésopotamienne, assyrienne, etc.] même s'il ne reste donc pas grand-chose de non historique à dire sur les premières.

La raison qui décide de quoi sera composée l'Histoire est plus subtile, mais elle est capitale pour comprendre quelle est l'essence de la connaissance historique. Cette dernière n'est pas connaissance de la particularité des évènements, mais de leur spécificité, de ce qu'ils offrent de stratégique, de ce qui joue un rôle essentiel dans la bonne organisation et la réalisation d'un plan ou de ce qui présente un haut intérêt [politique, culturel, social, etc.]. L'intellect, comme tel, est sensible au conditionnement, il s'intéresse peu au mécanisme du déterminisme. De même, un historien sérieux qui s'intéresse aux choses importantes, se montre réfléchi et soigneux dans ce qu'il fait, c'est-à-dire objectif, désintéressé, par opposition à un conteur d'anecdotes, à un propagandiste ou à un historien chauvin. Il s'intéresse à l'Histoire pour l'amour de l'histoire ; s'il raconte l'histoire des Sciences, par exemple, elle sera pour lui l'histoire des représentants scientifiques de la *Civilisation universelle*, l'histoire du « *Service de l'Humanité* », unique par définition, du rôle de la pensée sur la scène historique humaine.

Voilà pourquoi l'Histoire au sens strict du terme ne se présente pas comme le recueil des biographies inventées ou non de quelques individus insignifiants. Voilà pourquoi l'histoire authentique ne se raconte pas. Voilà aussi d'où vient l'idée confuse que l'histoire d'une société n'est pas l'histoire des sociétés. L'historien n'entreprend pas d'écrire, par exemple, la vie des savants perses ou berbéro-andalous. Va-t-il raconter la destinée de ces illustres érudits ? Non, car, historien calculateur, il n'a aucune raison de s'intéresser singulièrement à ces savants, ils n'ont jamais appartenu à sa culture, à son éducation, à ses habitudes, à ses us et coutumes, à sa tradition, à sa psychologie. La conception que l'historien se fait de la *causalité* historique est différente selon que celle-ci provient de telle ou telle zone géographique ou culturelle, par exemple, l'Europe, l'Afrique, l'Asie, etc. Aussi n'est-il pas surprenant que des centaines de milliers de livres étudient la *causalité* de l'histoire gréco-romaine et quelques dizaines analyse celle de l'histoire de la *Civilisation de l'Islam classique* [CIC], par exemple.

L'intérêt épistémologique de pareils livres est à cherché dans la tradition du contenu livresque de leurs auteurs !

Les historiens en écartant ainsi le *scientisme*[2], ils s'arrogent le droit pour affirmer le caractère exclusivement *intellectualiste*[3] de la connaissance historique.

---

[2] *Scientisme.* Attitude consistant à considérer que toute connaissance ne peut être atteinte que par les sciences, particulièrement les sciences physico-chimiques, et qui attend d'elles la solution des problèmes humains.

[3] *Intellectualiste.* Dans le domaine de la philosophie ou de la psychologie, relève de l'*intellectualisme* qui est la doctrine selon laquelle tout ce qui existe est réductible, du moins en principe, à des éléments « *intellectuels* »,

En effet, cette attitude consiste à accorder la prédominance aux solutions intellectuelles au point souvent de méconnaître les réalités.

L'Histoire est, ainsi, une affaire qui se forme, qui se déforme et se transforme par une curiosité toute philosophique ou psychologique !

Malheureusement, en prenant l'exemple des Sciences ou des principes inhérents à la société humaine [*Démocratie, Liberté, Droit*, etc.], il faut encore rappeler que la discipline de l'Histoire et l'Historiographie en Occident, depuis sa genèse, ne sont pas connaissance objective, mais qu'elles sont la conscience que les peuples occidentaux prennent d'eux-mêmes comme s'ils ne consignaient que leurs *histoires nationales* [plus ou moins homogénéisées entre elles], que la vision qu'ils ont du passé reflète leurs valeurs présentes. Enfin, qu'en rédigeant l'Histoire, ils y projettent leurs conditions. Par exemple, en présentant les savants perses et berbéro-andalous non pas comme des fondateurs à juste titre des Sciences, mais en tant que transmetteurs ou copieurs des Sciences grecques. À vrai dire, c'est là un genre d'allégations bassement gratuites et totalement fausses car vérifiables. Que sont leurs valeurs et leurs conditions [des peuples occidentaux] ? En réalité, nul ne se dupe délibérément. Comment peut-on méconnaître et ne pas avouer un manque d'objectivité de la connaissance historique et à se complaire dans cet état en se targuant d'être historien à la quête de la Vérité ?

---

c'est-à-dire à des idées [aux différents sens de ce mot], à des vérités et à des implications.

C'est ne rien connaître à la connaissance historique, et à la science en général, que de ne pas s'apercevoir qu'elle est une activité régie par une norme de véracité !

En Occident, il est vrai, qu'il existe une dimension sociale de l'histoire et de l'historiographie dont le substrat demeure les souvenirs nationaux, les mémoires dynastiques, les mythes collectifs, les préjugés culturels, les aprioris traditionnels, les raisonnements coutumiers, etc. Mais précisément, depuis le premier jour, depuis le moment où dans les *scriptoriums* des abbayes et des monastères au Moyen-Age, depuis la conjecture et l'induction des humanistes au XVIe siècle, l'histoire des historiens se définit comme la fonction sociale des souvenirs historiques. Celle-ci s'est établit comme relevant d'un idéal de vérité et d'un intérêt de pure authenticité. Assimiler l'histoire scientifique aux souvenances nationales qu'elle pérennise, c'est amalgamer la nature d'une chose avec son origine. En quelque sorte, c'est ne plus différencier la chimie de la magie ou l'*astronomie* de l'*astrologie*, la *médecine* de la *sorcellerie*.

L'historien serait-il obtus dans sa vision de la vérité à se fixer sur l'optique de la culture, de la société qui est la sienne ?

Les historiens attitrés ne s'intéressent, par exemple, à l'histoire grecque que pour affirmer et ne jamais infirmer l'acquis fabriquer depuis des siècles par leurs pairs. Tandis qu'à leurs yeux la falsification de l'Histoire en Occident n'est pas de l'Histoire, elle est dénuée d'intérêt. Comme elles semblent prochês ces affirmations datent pourtant de la Renaissance. C'est, précisément depuis le début du

XXIe siècle que l'Histoire commence a accomplir sa timide et très difficile mutation [dans les manuels scolaires]. Néanmoins, lorsque l'on aborde, par exemple, la *falsification de l'Histoire des Sciences*, une carapace se forme quant à sa fonction de mythe collectif, pour la maintenir fermement.

Les historiens doivent prendre conscience du fait que rien n'est indigne de la vérité historique quitte même à saper les fondements [truqués, falsifiés] d'une société fût-elle européenne !

C'est depuis très peu que l'Histoire commence à paraître connaissance objective, mue par la curiosité désintéressée et l'amour de la vérité de femmes et d'hommes non-historiens attitrés qui contribuent par leurs modestes moyens à affirmer que tout ce qui est historique est digne de l'histoire.

4 - Avènement de l'Histoire

a - A.R. Ibn-Khaldun : fondateur de l'Histoire

Abu Marwan Ibn-Hayan [4] [987-1076] célèbre historien andalou est le précurseur de l'Histoire, science en plein essor qui fut parachevée par A.R. Ibn-Khaldun[5]. Appartenant à une famille d'importants fonctionnaires au

---

[4] A.M. IBN-HAYAN, « *Al-Kitâb al-Matiyn* » ; est un corpus en soixante volumes et le « *Kitâb al-Mûqtabis fi tarikh al-Andalus* », lui est un corpus en dix volumes. Il disposait de peu de sources afin d'analyser et de rédiger l'histoire de la *Fitna* [division] qui le préoccupait.
[5] E.G. GOMEZ, « A proposito de Ibn Hayyan »

service du vizir M.I.A. Al-Mansur ou *Almanzor* [937-1002] fondateur de la brève dynastie *amiride*. Il s'efforce à l'objectivité en décrivant les évènements tels qu'ils sont sans occulter les aspects négatifs. Emettant de violentes critiques à l'encontre de certains personnages [politiques, intellectuels], il ressentait une profonde amertume face à l'anarchie et à la fragmentation des territoires musulmans. Un de ces corpus, le plus important cerne en soixante volumes avec une clarté et une précision admirable l'histoire de son époque, le Xe-XIe siècle. La majeure partie de cet imposant travail « *disparue* ». Ses deux ouvrages les plus importants sont pour les historiens des sources considérables qui exposent des faits se déroulant principalement en Espagne des Xe-XIe siècles.

Abou Zayd Abd al-Rahman Ibn-Khaldun [1332-1406], le plus illustre des historiens, père fondateur des Sciences Humaines [Histoire, Economie, Sociologie, Ethnologie, Psychologie]. Andalou d'origine, il exerça des fonctions politiques et administratives dans l'actuel Maghreb et en Espagne. Il partit s'isoler à Frenda, en Algérie en 1372 et se consacra pendant quatre ans à la rédaction de l'*Introduction* à son *Histoire Universelle*[6]. Suite à l'assassinat de son frère en 1382, lors de son pèlerinage à La Mecque, le sultan du Caire, le nomma grand *Cadi* [juge] et lui proposa une chaire à l'université musulmane d'al-Azhar. Accompagnant, le sultan à Damas en 1400, dans le cadre d'une expédition de résistance à l'invasion du

---

[6] A.R. IBN-KHALDUN, « Kitáb al-Ibar [« Livre des considérations sur l'histoire des Arabes, des Persans et des Berbères »] ».

chef tatar *Tamerlan*[7], celui-ci l'accueillit en invité de renom. A.R. Ibn-Khaldun passa quelques temps en sa compagnie puis retourna au Caire, où il décéda le 17 mars 1406.

Dans son introduction méthodologique à l'histoire, A.R. Ibn-Khaldun crée une conception de l'Histoire et une théorie de la société qui n'avaient été exposées par aucun autre auteur de l'Antiquité ou du Moyen-Age et qui innove les Sciences Humaines modernes. Selon ce pionnier, l'histoire ne saurait, en effet, être envisagée comme une suite d'évènements mais plutôt comme une invitation à la méditation. Cette réflexion permet de mettre en relief la cohérence des faits historiques et non leur succession. Les sociétés doivent leur existence au pouvoir de la cohésion sociale, la « *Asabiyya* », qui peut être soutenue par exemple, par la force unificatrice de la religion. Les développements sociaux, de même que l'émergence et la chute des sociétés sont régis par des lois sur lesquelles l'Homme n'a aucune prise.

---

[7] TAMERLAN [1336-1405] est un conquérant turco-mongol qui s'empara dune grande partie de l'Asie centrale et occidentale, fondateur de la dynastie des *Timourides* qui a existé jusqu'en 1507. Devenu émir de *Transoxiane* [ancien nom d'une partie de l'Asie centrale], Tamerlan se révèle un terrible chef de guerre, bâtissant un immense empire reposant sur la puissance militaire et sur la terreur [destructions et massacres spectaculaires des peuples]. Lors de ses conquêtes, il n'hésite pas à exterminer la totalité de la population des villes qui lui résistent, à l'exception des artisans qu'il déporte à Samarcande [Ouzbékistan], sa capitale. C'est à ce titre qu'il se montra aussi protecteur des arts et des lettres qui firent la grandeur de Samarcande. Après la mort de Tamerlan en 1405, son empire, gouverné par ses descendants [*Timourides*], est désagrégé par les puissances voisines jusqu'à l'offensive finale des Ouzbeks de la dynastie des *Chaybanides*.

L'auteur andalou[8] écrit : « *Il faut insister sur l'examen impartial de l'ensemble des écrits ou historiographie décrivant tous les faits connus de la vie des individus et des sociétés passées !* »

Il s'adonna à découvrir les événements antérieurs et d'en fournir un exposé exact qui implique l'influence de nombreuses disciplines auxiliaires [économie, politique, ethnologie, psychologie, etc.] et formes littéraires. L'objectif de l'auteur est de réunir et de rédiger tous les faits du passé des hommes afin de mettre à jour de nouveaux événements.

Les *historiens attitrés* n'ignorent pas que les informations disponibles sont fragmentaires, partiales et en général, incorrectes ou falsifiées. Elles exigent une analyse très approfondie qui est rarement appliquée. Les faits historiques ne sont perçus que par des sources intermédiaires. Les historiens écrivent le récit d'évènements dont ils ne furent pas eux-mêmes témoins ; ils se fondent sur des spéculations. Les écrits historiques doivent être étudiés selon un esprit critique textuel qui inclut le plus grand nombre de témoins, des narrations, des mémoires, des lettres, des documents juridiques et des informations livrées par les vestiges concrets de civilisations, comme l'archéologie, l'architecture, l'art et l'artisanat, etc. Ces sources d'informations fournissent un témoignage dans lequel l'historien « *khaldunien* » décrypte des faits réels et importants. Le rapport entre le témoignage et les

---

[8] A.R. Ibn-Khaldun, « Muqadima [« Les Prolégomènes »] » - « Kitāb al-Ibar [« Livre des considérations sur l'histoire universelle »] »

évènements est rarement simple et sans détour. Le témoignage devient partial ou faux, fragmentaire ou falsifié.

5 - *L'interprétation de l'Histoire*

L'objectif de l'histoire est *normalement* une tentative scientifique d'appréhender la vie des hommes qui dépasse le simple examen des témoignages. La base de la sélection, de la compilation et du commentaire qui établit l'interprétation de l'historien s'organise par la mise en évidence d'évènements. Tous les aspects de l'investigation de l'historien, telle que la sélection d'un sujet de recherche, sont un processus d'interprétation qui procure un ensemble de renseignements.

La sélection d'un fait distinctif, d'une société ou d'une institution particulière atteste déjà un acte de jugement illustrant l'intérêt du sujet. Le thème retenu propose à son tour une hypothèse provisoire qui dirige les recherches, accorde à l'historien de définir, de répertorier les témoignages réels et de rédiger un énoncé détaillé et homogène. Le respect des faits, des circonstances et le rejet des erreurs causées par l'ignorance et l'éducation procure une interprétation plausible et intellectuellement digne d'intérêt.

Malheureusement, l'Histoire demeure toujours comme une forme de littérature partiale mélangeant de nombreux résultats et procédés à un texte. Les historiens sont plus des *chroniqueurs* que des *auteurs khalduniens* impartiaux. Ils s'attachent aux évènements, aux convictions de leur engagement personnel ; tout comme les romanciers de fiction, ils décrivent des exposés détaillés des évènements en soignant le langage et le style. Les liens complexes entre la littérature et l'histoire persistent en un interminable sujet de controverse.

a - Histoire khaldunienne

L'idée d'une entreprise commune internationale fondée sur une conception acceptée et uniforme dans les disciplines de l'histoire, aboutit à un état de complexité et de division ce celle-ci. Aucun historien attitré, même libre de tout préjugé grossier, ne peut être totalement neutre et capable de restituer une réalité objective. Un décloisonnement de l'Histoire de l'Europe en direction des sociétés extra-européennes ne suscite guère d'engouement.

A.R. Ibn-Khaldun énonce : « *Lorsque l'esprit reçoit avec impartialité une information, il éprouve et l'examine comme il se doit, jusqu'à distinguer clairement si elle est véridique ou mensonge... ce qui introduit le mensonge dans les informations est la trop grande confiance envers ceux que l'on suit. Il convient d'exercer, à cet égard son esprit critique* » !

A.R. Ibn-Khaldun écrit en préface de son livre premier[9] : « *L'Histoire a pour objet l'étude de la société humaine [al-Ijtima al-Insani], c'est à dire de la civilisation universelle [umran al-halam]. Elle traite de ce qui concerne la nature [tabiha] de cette civilisation, à savoir : la vie sauvage [tawah-hush] et la vie sociale [ta-annus], les particularismes*

---

[9] A.R. IBN-KHALDUN, « Discours sur l'Histoire universelle [*Al-Muqaddima*], Tome premier, Collection Unesco d'œuvres représentatives, Beyrouth [Liban], 1967.

dus à l'esprit de clan [al-hasabiyyat] et les modalités par lesquelles un groupe humain en domine un autre. Ce dernier point conduit à examiner la naissance du pouvoir [mulk], des dynasties [duwal] et des classes sociales [maratib]. Ensuite, l'Histoire s'intéresse aux professions lucratives [kasb] et aux manières de gagner sa vie [mahash], qui font partie des activités et des efforts de de l'homme, ainsi qu'aux sciences et aux arts. Enfin, elle a pour objet tout ce qui caractérise la civilisation.

Le mensonge s'introduit naturellement dans l'information historique. Plusieurs raisons concourent à cette fin. La première est l'esprit partisan [tashayyuh] en faveur de certaines opinions ou certaines tendances [madhahib]. Un esprit qui reçoit un renseignement avec impartialité [ihtidal] lui accorde le degré voulu d'examen critique [tamhis], pour trancher de son authenticité ou de son caractère apocryphe. Tandis qu'un esprit prévenu acceptera, sans hésiter, la version favorable à ses propres tendances. Ce genre de préjugé [tashayyuh] voile l'esprit critique [intiqad] et l'esprit d'examen [tamhis]. Et c'est ainsi que l'on admet et retransmet le mensonge.

La confiance [aveugle] que l'on fait aux sources d'informations est une deuxième cause d'erreur. Or, pour savoir si l'on doit faire crédit à quelqu'un sur ce point, il lui faut lui appliquer la méthode d'enquête de moralité [que le cadi[10], vis-à-vis des témoins, appelle] : « justification [tahdil] ou improbation [tajrih] ».

Troisième raison : l'ignorance de la signification d'un évènement. Bien des gens ne connaissent pas le sens réel des

---

[10] *Cadi*. Magistrat musulman remplissant des fonctions civiles, judiciaires et religieuses, dont celle de juger les différends entre particuliers.

faits qu'ils ont observés ou dont ils ont entendu parler. Ils transmettent ensuite un renseignement, auquel ils attribuent une valeur imaginaire. Résultat : erreur.

Quatrième raison : chacun est persuadé de détenir la vérité. C'est là une illusion fréquente, qui tient, le plus souvent, au crédit accordé aux informateurs.

Cinquième raison : méconnaissance de l'application [tatbiq] des circonstances à la réalité, qui dépend, en fait, des remaniements ambigus [talabbus] et des altérations [tasannuh]. C'est ce côté artificiel des choses qui empêche les observateurs de raconter les évènements tels qu'ils les ont compris.

Sixième raison : comme on n'approche pas les « Grands » de ce monde sans avoir la flatterie et les louanges à la bouche, on embellit leur histoire et on répand leur renom. Ces récits, devenus publics, n'ont rien de véridique. L'homme aime être loué, et les gens sont très attentifs à ce bas monde, à sa hiérarchie et à ses biens. En général, ils sont peu portés à la vertu et ne s'intéressent guère au mérite.

Septième raison, sans doute la plus importante : l'ignorance des caractères naturels de la civilisation. Tout phénomène ou événement [hadith] possède forcément, soit essentiellement, soit matériellement, un caractère naturel, propre aussi bien à son essence [dhat] qu'aux circonstances qui l'accompagnent. L'étudiant qui connaîtrait la nature des évènements, les circonstances et les nécessités de l'existence [wujud] serait bien armé pour exercer son examen critique au tri du mensonge et de la vérité. Il disposerait, à cet effet, du moyen le plus efficace.

Il arrive souvent qu'on accepte et transmette des absurdités, qui seront reprises sur la foi de l'informateur.

[…] Quand un récit est absurde, peu importe le crédit attaché ou non à son auteur. Les critiques sérieux tiennent pour suspecte toute information absurde, soit par son énoncé littéral, soit dans son raisonnement déraisonnable.

[…] D'autre part, lorsqu'il s'agit d'évènements matériels, il faut reconnaître, avant tout, leur conformité [avec la réalité], c'est à dire se demander s'ils sont possibles. Ceci a le pas sur l'enquête de moralité. En somme, la critique externe [ou enquête de moralité] suffit pour attester la validité d'articles de foi, tandis que la critique interne des faits ordinaires requiert leur comparaison avec les circonstances communes.

S'il en est bien ainsi, la règle à appliquer pour discerner, en histoire, la vérité de l'erreur, en se fondant sur l'appréciation du possible et de l'absurde, consiste à étudier la société humaine [al-ijtimah al-bashari], c'set à dire la civilisation [al-humran]. Il nous faut bien distinguer trois choses : ce qui est inhérent à l'essence et à la nature de la civilisation ; ce qui est accidentel [harid] et négligeable ; ce qui n'a rien à voir avec elle. On aurait ainsi une norme [qanun] pour séparer, dans les récits, le vrai du faux, grâce à une méthode approbative [burhani] incontestable. Dès lors, à propos de chaque évènement, on saura quel parti prendre. On aura un critère [mihyar] authentique, grâce auquel les historiens resteront sur le chemin de la vérité. »

La *recherche historique khaldunienne* doit être entreprise indépendamment par les peuples ou sociétés concernés qui sont lésés par un manque d'objectivité occasionné par la pseudo-histoire. Afin de réfuter, de détruire les préjugés et les événements historiques faussés, le rétablissement des faits réels, impartiaux est nécessaire. Les historiens extraoccidentaux doivent fournir des explications sur la spoliation de leur patrimoine historique et ne pas l'occulter par complaisance ou par recherche de notoriété [prix littéraires, titres *honoris causa*]. Une comparaison critique s'impose ensuite avec les allégations historiques classiques.

L'historien doit commencer par construire son objet et définir sa problématique en fonction des principes de rigueur documentaire de la tradition savante !

A.R. Ibn-Khaldun recherche les causes et les explique car pour lui, il faut dégager clairement les leçons à tirer des causes des évènements aussi bien que des faits eux mêmes. Sa méthode est particulièrement critique, ce que demande une discipline objective. Il utilise les données sociales, économiques, politiques, géographiques, linguistiques, psychologiques pour appuyer ses études et ses observations Il s'en prend aux *pseudo-historiens* qui se bornent à décrire les événements de leur temps qui ne sont que des historiettes ou des récits contestables.

A.R. Ibn-Khaldun établit qu'il faut rejeter toute information suspecte et de faire preuve d'esprit critique et d'impartialité. Les phénomènes évènementiels sociaux s'étudient de manière analytique et dialectique. Il faut combattre, dit-il, le démon du mensonge avec la lumière de la raison et il invente ainsi, les fondements de l'Histoire scientifique !

6 - *Evolution du savoir, de l'idée d'une discipline scientifique*

Une petite observation s'impose quant à l'évolution de la *Connaissance*, de la *Science* et de la *Culture* en général. Paradoxalement, l'*Histoire* nous démontre que l'évolution majeure d'une discipline scientifique ou un savoir s'est produit à l'instigation d'un auteur, d'un intellectuel qui n'est pas de formation de ladite discipline scientifique en question. Citons, par exemple en *Géologie*, la *théorie de la tectonique des plaques*, évènement majeur dans la recherche géologique a été l'œuvre d'un météorologiste, A.L. Wegener[11] [1880-1930]. Dans les sciences biologiques,

---

[11] ALFRED LOTHAR WEGENER est un astronome et climatologue d'origine allemande. Il est devenu célèbre pour sa théorie de la *dérive des continents* qui fût publiée en 1912. Il participa à diverses expéditions au Groenland afin d'étudier la météorologie des régions polaires. Sa théorie reposait sur d'abondants arguments dépendant de champs disciplinaires aussi variés que la géodésie, la géophysique, la géologie structurale, la paléontologie, etc. Au début du XXe siècle, il observe que d'après la disposition des continents, la côte est de l'Amérique du Sud s'avère s'imbriquer exactement dans la côte ouest de l'Afrique. Il met en place une théorie de la dérive des continents : un supercontinent, la Pangée. Cette dernière se serait scindée au début de l'ère secondaire et, depuis cette époque, les masses continentales provenant de cette segmentation dériveraient à la surface de la Terre. L'auteur publie un ouvrage [1915] « *Genèse des océans et des continents : théories des translations continentales* ». Selon lui, les masses continentales bougent au cours des ères géologiques. Au Permien [280 millions d'années], les continents actuels formaient un seul supercontinent : la *Pangée*. Ce continent s'est, ensuite, divisé d'abord pour l'accès de l'Atlantique Nord, ainsi que par la dislocation de l'Antarctique, après ils ont poursuivi leurs fractures pour former les continents actuels, qui, tels des esquifs, se seraient mis en mouvement graduellement au cours des ères géologiques pour aboutir à la configuration connue actuellement. Cette théorie, pourtant soutenue

c'est le chimiste L. Pasteur[12] [1822-1895] qui a une formation en chimie ; en médecine, le bouleversement du diagnostic par l'imagerie médicale[13] provient du travail des physiciens, etc.

C'est pour dire qu'en Histoire, il ne faut nullement s'attendre à ce que cette dernière ou son contenu soit bouleversés ou évoluent grâce aux efforts, à l'autocritique, à la circonspections de ceux qui la servent, les historiens, en vue de

---

par des faits irréfutables, a longtemps été rejetée par les géologues. En effet, les mécanismes et la morphologie interne de la Terre étaient encore inconnus pour une interprétation plausible de la dérive. Quoi qu'il en soit, la théorie de A.L. Wegener a soulevé de très vifs débats.

[12] LOUIS PASTEUR est un chimiste et physicien de formation, pionnier de la *microbiologie*. L. Pasteur [1861 à 1862] publie ses travaux réfutant la théorie de la génération spontanée [notion conférant l'apparition d'un être vivant sans ascendant, sans parent à la matière inanimée]. L'*Académie des sciences* lui octroie le prix Jecker [un des prix les plus importants récompensant les chimistes en France] pour ses travaux sur les fermentations. Il étudie sur les maladies du vin, à savoir la pasteurisation, [1863], sur la fabrication du vinaigre. L'équipe de L. Pasteur crée un vaccin contre le charbon des moutons [1881]. La découverte du vaccin antirabique [1885] procure à L. Pasteur une consécration mondiale. L'Académie des sciences propose la création d'un établissement consacré à soigner la rage : l'*Institut Pasteur* [1888].

[13] L'*Imagerie par Résonance Magnétique* [IRM] est une technique d'imagerie médicale souscrivant à l'obtention des vues en deux ou en trois dimensions de l'intérieur du corps de façon non invasive avec une résolution en contraste relativement. L'IRM utilise le principe de la résonance magnétique nucléaire [RMN] qui utilise les propriétés quantiques des noyaux atomiques pour la spectroscopie en analyse chimique. L'examen IRM n'est pas invasif et n'irradie pas le sujet. Sur ce principe, il est alors possible de restituer une image en deux dimensions puis en trois dimensions de la composition chimique et donc de la nature des tissus biologiques examinés.

l'améliorer pour qu'ils soient plus conformes à la réalité, donc à la Vérité !

Un exemple patent est le dossier « *Civilisation de Islam* ». Ce dernier est étudié par une catégorie d'*historiens attitrés*, c'est à dire les *Orientalistes*. Ce sont eux qui sont chargés de ce domaine d'analyse, c'est en tant que religion au sens judéo-chrétien qu'il est appréhendé : doctrine, dogme, rituel, etc. Or, c'est une énorme erreur d'approche, d'observation et de compréhension. En effet, l'Islam au sens ontologique du terme, c'est à dire qui appartient à la catégorie de l'*être* et non à celle du *paraître* [en d'autres termes non pas au sens médiatique ou au sens pseudo-islamique] n'est pas une « *religion* » ou une « *théologie* » ou encore une conception « *judéo-chrétiennement* » religieuse ou théologique. Il s'agit d'un *mode de vie* d'une société humaine, un *princeps* civilisateur universel, une conception de l'existence, une interprétation intellectuelle de l'Univers.

De ce fait, c'est un tout existentiel et non pas une croyance au sens classique du terme, une philosophie de type oriental !

Paradoxalement, l'Islam est relégué par l'Histoire [et les historiens] au rang de sujet ou d'objet d'études de l'exotisme, du folklore orientale ; bref de l'Orientalisme !

a - Contestations des sciences non-historiques

Il est indéniable que l'Histoire en tant que *science* se trouve remise en question par d'autres sciences aux approches et aux objectifs dénués de sens laxiste et d'intérêts mesquins qui nuisent à toute objectivité. En d'autres termes, ces dernières sont capables à la limite de lui contester toute finalité spécifique à la réalité donc à la Vérité.

Un premier débat est ouvert concernant l'*historicité « scientifique »* évènementielle ou factuelle où les historiens attitrés prétendent rendre compte de tout devenir historique sans y inviter un seul représentant d'autres disciplines que celles des *Sciences humaines* ?

En fait, le débat peut assez bien être circonscrit en termes de variables d'authenticité et d'inexactitude ou d'erreur. Les historiens attitrés en quelque domaine que ce soit, créent leurs modèles explicatifs à l'aide de nombreux paramètres, souvent assez obscurs ou hypothétiques, dont l'origine, si l'on y prête un tantinet attention, est d'observation et d'objection plus ou moins aisées. Parmi ces paramètres, ils font figurer le *temps* [de même que l'espace, les distances, etc.] comme pesant sur le devenir des groupes et des sociétés globales. Ce qui demeure en question ici et fait l'opposition irréductible entre historiens et scientifiques [par exemple de type physicien, chimiste ou biologiste] est le rapport du devenir humain. En effet, dans les sociétés occidentales du moins, les historiens relient toujours le présent au passé, *à justifier et à consolider le présent par le passé.* Quiconque s'est peu ou prou intéressé à l'histoire des sociétés féodales et de la Renaissance qui furent projetées vers une dynamique mutationnelle mentale, scientifique et socioculturelle sans qu'aucune donnée n'apparaisse ou n'est révélée sur l'origine ou le bien-fondé *historique* de telles métamorphoses.

Plus fondamentale est la contestation, par des auteurs non-historiens attitrés, de l'idéologie, voire de la démarche *structuraliste* [14] des historiens, sous la forme d'une réinterprétation et d'une redéfinition du sens de l'Histoire. En effet, celle-ci ne doit pas être une lecture et une relecture d'un passé incontestable, immuable, considéré comme un fait établi sur lequel nul ne doit y revenir dessus.

Depuis la période moderne, la démonstration en matière d'autojustification de la fabrication historique, socle de l'époque contemporaine, demeure toujours en son état antérieur ou premier !

Mais le « *miracle* » de cette mystérieuse *Renaissance*, par exemple, n'a pas d'autres explications d'après les historiens attitrés que la continuité socioculturelle entre l'Antiquité gréco-romaine et l'Occident chrétien. Conséquemment, *l'analyse structurale* octroie à l'Histoire de la Renaissance une place de premier plan : celle qui revient de droit à des évènements socioculturels gréco-romains irréductibles. Pour être présentable et durable, l'historicité ou l'Histoire tout entière doit être tendue vers des structures à-priori invérifiables afin de commencer par s'incliner devant la puissance et l'inanité de leurs concepteurs. Autrement dit, le domaine de l'historien attitré est celui du « *dogmatisme historique* » qui est fondé sur un type d'aspect historiographique, grâce auquel rien ne doit être remis en question ou *rétabli* dans l'évolution de l'Histoire générale

---

[14] *Structuraliste.* Option scientifique visant à fonder l'étude, et spécialement la description, de faits humains, essentiellement sur une analyse de leur structure, de la relation entre leurs composants.

de l'humanité. Ce qui ramène l'historien aux définitions mystiques du XIVe siècle. Plus subtile sans nul doute est la démarche des non-historiens attitrés séduits par l'Histoire amorçant la quête de la Vérité et qui s'attachent à décrypter les discours des sciences humaines et réduisent en miettes, par exemple, l'*Histoire des Sciences* telle qu'elle était décrite jusqu'ici. Ils mettent en question tout discours historique dans la mesure où celui-ci est incapable de *rétablir* la véracité [donc la réalité] d'une époque [particulièrement celles des XIe - XVIIIe siècles].

Les scientifiques non-historiens de formation reprochent aux historiens attitrés [professionnels] de n'avoir pas [ou jamais] restitué l'univers réel spirituel et socioculturel des sociétés d'autrefois [Moyen-Âge, Renaissance, époque moderne, époque contemporaine], tel que le réclame l'*Histoire scientifique*. Ainsi, la Science et la raison en viennent à affirmer presque l'inutilité du discours historique, du moins tel qu'il se présente dans la sphère des *mandarins* [15] des Sciences humaines. Les historiens attitrés ont du mal à évaluer ce type d'argumentation pour en donner une quelconque réponse. Ce qui porte témoignage peut-être d'une conscience abusive et constitue un refus de cette ouverture interdisciplinaire vers laquelle se tournent pourtant tous les espoirs.

A ceux [historiens] qui pensent avoir étudier et consacrer leur vie entière à la recherche, à la connaissance, à la

---

[15] *Mandarin.* Personnage qui, souvent en raison de ses titres, de ses diplômes, de ses fonctions, fait figure de potentat dans son domaine.

reconstruction du passé sous son aspect généralement altéré, falsifié ou tout simplement fabriqué ; on peut leur rétorquer que la noblesse d'âme et l'honnêteté intellectuelle recommandent : « qu'il vaut mieux reconnaître se tromper et avoir été trompé tard que jamais ! »

II - Les Sciences humaines et sociales

Il est intéressant pour bien comprendre le rôle, les objectifs, les projets, les idées de l'*Histoire officielle* [*Histoire institutionnalisée, Histoire orthodoxe*] de procéder à un examen très concis des disciplines et des spécialités faisant l'objet d'un enseignement spécifique disséminé dans des départements [*Enseignement, Recherche*]. Ces derniers édifiés essentiellement dans les *Facultés* et *Instituts* de *Sciences humaines et sociales* sont de véritables industries où l'on œuvre principalement à fabriquer et à pérenniser l'*Histoire orthodoxe*. Toutes sortes de ressources leurs sont allouées : financières, humaines, matérielles, politiques, etc.

A - Sciences humaines

1 - Définition

L'expression « *sciences humaines* » ou « *science de l'homme* » se définit comme : « *disciplines ayant pour objet l'homme et ses comportements individuels et collectifs, passés et présents* ».

Sciences humaines est une locution idiomatique typiquement française. Les anglo-saxons utilisent l'expression « *social sciences* ».

En France, les *Facultés des lettres* furent transformées en *Facultés des lettres et sciences humaines*[16] afin d'y instaurer

---

[16] Décret du 23 juillet 1958 publié au *Journal officiel* du 27 juillet 1958.

l'enseignement d'une partie des sciences sociales [psychologie et sociologie], au milieu des disciplines littéraires. Les sciences de l'homme ont donc pour objet l'étude des conditions naturelles et culturelles des activités humaines. En conséquence, l'expression *Sciences humaines* [ou *Sciences de l'homme*] est une désignation propre à caractériser un thème général d'études et de recherches, celui de la société humaine vivante, pensante et agissante.

Les Sciences humaines, confondues avec les sciences sociales, se distinguent donc des sciences *naturelles* et se spécifient sous l'aspect formel ou méthodologique. L'Homme est donné comme objet d'étude non dans le cadre de son milieu biologique, mais de son milieu institutionnel et culturel. Cette distinction est un point de vue méthodologique et topique.

2 - L'apparition des Sciences humaines en Occident

Les origines des Sciences humaines se manifestent dans l'œuvre des *humanités*[17] en tant qu'idéologie [*contenant*] et en tant que supports [*contenu*] de celle-ci, conçue et dispensée par les humanistes à la *Renaissance*[18] à la société du pouvoir [spirituel et temporel] moyennant protection, rétributions et prérogatives. Les *humanités littéraires* qui étudient les *œuvres* de l'esprit ont précédé historiquement

---

[17] *Humanités*. Formation scolaire où l'étude des langues et littératures latines et grecques, considérées comme particulièrement formatrices, est prépondérante.

[18] NAS E. BOUTAMMINA, « Comprendre la Renaissance - Falsification et fabrique de l'Histoire de l'Occident », Edit. BoD, Paris [France], août 2013.

la genèse et l'organisation des *sciences sociales* [*Sciences humaines*] qui veulent être une étude plus directe des activités humaines par voie d'observations et de théories, plus scientifique dirons-nous aujourd'hui. Il n'en pouvait être autrement, vu les idées et les projets des humanistes aux intérêts multiples politico-socio-économico-culturels avec le pouvoir spirituel [Eglise] et temporel [bras séculier, bourgeoisie]. De ce fait, les humanistes rompus au savoir légué par les penseurs de la *Civilisation de l'Islam Classique* [traductions d'ouvrages manuscrits et imprimés] s'activent avec frénésie à imaginer, à fabriquer et à développer non seulement le contenu de l'*Histoire de l'Occident*, mais également l'*Historiographie*, à les installer et à les pérenniser sous la forme d'*Institutions*.

Les établissements d'enseignement et de propagande, les facultés ou universités, prennent naissance, ajoutent et développent diverses disciplines et spécialités continuellement [au fur et à mesure de l'évolution des sociétés] sur ses mêmes bases, sur ses mêmes acquis humanistes au cours du temps [époque moderne, époque contemporaine]. Parmi ces dernières on peut citer la *démographie* [étude des populations], la *géographie humaine* [cadre de vie] ; l'étude des comportements répertoriés par des critères publics et conventionnels de rationalité pratique comme les *Sciences politiques, juridiques, économiques* ; la *Sociologie* qui se subdivise à mesure qu'elle spécifie ses champs d'investigations en *Anthropologie sociale* ou *Ethnologie*. Elle réalise sur le terrain un travail analogue à celui de l'*histoire sociale* sur des documents *écrits* ou archéologiques ; la *Psychologie*, comme étude des fondements biologiques de la culture. Enfin, l'*Histoire* et la *Linguistique*. Actuellement ces deux groupes de disciplines interagissent entre elles.

3 - Socle d'étude des humanités, des Sciences humaines

Le terme latin « *humanitas* », lorsqu'il est traduit du grec « *païdeia* » désigne « *culture* », « *éducation* », « *civilisation* ». L'*humanisme* prend naissance d'une origine occultée ou officieuse mais réelle, la « *Civilisation de l'Islam Classique* [CIC] », maquillée de l'officiel mais mythique hellénisme, édulcorée du judéo-christianisme [hébraïque et grecque]. Métamorphosée par la pensée, les idées des savants de la *Civilisation perso-berbéro-andalouse* [CPBA] ou *Civilisation de l'Islam Classique* [CIC], l'humanisme a transformé l'idée même de la pensée occidentalo-chrétienne. La notion médiévale de cette dernière était d'ordre strictement ecclésiastique ou juridico-théologique. En déplaçant les auteurs sacrés aux mêmes méthodes de raisonnement que les auteurs profanes, l'humanisme a modifié la société traditionnelle ou moyenâgeuse. C'est à partir de la culture d'emprunt, la *Civilisation de l'Islam Classique* [CIC], que s'est opérée l'unité spirituelle et socioculturelle de l'Occident chrétien qui l'a [la *Civilisation de l'Islam Classique*] finalement et irrémédiablement occultée par la mythique culture gréco-latine : l'*européocentrisme initial*. La mutation du concept de *culture ecclésiastique* en celle de *culture humaniste* se développe sur l'échafaudage de la *pseudo-culture hellénique* et sur la *falsification historique systématique*.

Il est aisé d'observer, d'étudier, d'analyser et de comparer aux mêmes périodes chronologiques la *Civilisation de l'Islam Classique* [*CIC*] et les *sociétés de l'Occident chrétien* dans tous les domaines existentiels : intellectuel, social, culturel, religieux, économique, architectural, etc. Fort heureusement, historiquement, historiographiquement et archéologiquement les documents écrits [textes, manuscrits, etc.], les gravures, les vestiges, les mœurs existent [19] toujours ; ils peuvent témoigner de la situation des deux mondes parallèles celui de la *Civilisation de l'Islam Classique* et celui des *Sociétés de l'Occident chrétien*.

Quel est leur stade d'évolution civilisationnelle aux mêmes périodes et quel est celui des deux qui a fait l'emprunt[20] civilisationnel à l'autre ?

L'époque du Moyen-Âge n'était-elle pas l'âge d'or de la traduction et de la copie des œuvres des savants perso-berbéro-andalous ? La Renaissance n'est-elle pas la mise sous presse [imprimerie] et le plagiat des œuvres des savants perso-berbéro-

---

[19] Les recherches menées dans divers domaines de la connaissance et sur divers supports [manuscrits, imprimés, gravures, dessins, numériques - Internet-, etc.] sont un ensemble d'opérations qui peuvent être entrepris pour mettre au jour et étudier des évènements, des faits historiques. Bien entendu, ces derniers sont disséminés [bibliothèques, musées, etc.], intentionnellement soustraits à la vue du public, parfois cachés, souvent celés sauf autorisation spéciale mais, malgré cela, ils sont traçables et fournissent des renseignements, des informations, des explications capitaux pour celui qui est en quête de vérité.

[20] *Emprunt.* Fait de prendre quelque chose pour se l'approprier, pour l'utiliser ou l'imiter.

andalous sous le patronyme des plagiaires et de leur institutionnalisation [*Facultés, Universités, Ecoles, etc.*] ?

L'époque moderne [siècle des Lumières - XVIIe siècle] n'est-elle pas la compréhension et l'assimilation des œuvres des savants perso-berbéro-andalous ? Les œuvres des savants perso-berbéro-andalous n'ont-elles pas débouchées sur leurs applications [ère industrielle] à l'époque contemporaine et qui ne cessa ensuite de se perfectionner, de s'améliorer par de nouvelles découvertes et de nouvelles techniques ?

L'analyse rationnelle et utilitaire de cette entreprise de la Renaissance ne préjuge aucunement de la nature des fins ou projets qui l'ont établis. Ce qui nous intéressent ici, et ce qui va nous aider à comprendre. Comment, de la diversité des intérêts individuels, ceux des notables de Florence -par exemple, les Médicis-, les gouvernants, l'Eglise, peuvent naître des effets collectifs imprévus, la *Renaissance*. Les acteurs sont toujours des individus, mais il découle de leurs interactions mutuelles des conséquences surprenantes, parfois paradoxales.

L'existence de ce type de problématique dialectiquement renversant pour la compréhension de l'Histoire de cette période [Renaissance] aux origines perverses montre que les faits et évènements « *historiques* » dits avérés requièrent néanmoins une analyse logique plus élaborée que les simples estimations intuitives. Mais, dans tous les cas, ceci doit souscrire à expliquer les changements psychologiques ou socioculturels de toute une société en s'interrogeant sur la logique des systèmes d'interaction entre les différents éléments idéologiques, matériels et humains mis en jeu pour sa concrétisation [de la Renaissance].

Les humanistes s'appuyaient sur une vision européocentriste et chrétienne totalisante de l'histoire, unifiée par l'intronisation de l'Antiquité classique grecque, de même qu'aujourd'hui cet héritage se perpétue consciemment ou inconsciemment, fondement sacré d'un légitimisme unique, militant et combattant !

Suite à l'énoncé traité ci-dessus, une petite observation s'impose. L'humaniste tel qu'il est rapporté par les dictionnaires se défini comme : « *Érudit de la Renaissance qui, s'inspirant des auteurs antiques, a exalté la dignité de l'esprit humain.* »

En réalité, l'humaniste tel que le rapporte le *Rétablisme*[21] ou l'*Histoire scientifique*[22] se défini comme : « *Érudit ou mercenaire intellectuel de la Renaissance qui met sa plume [et son savoir] au service des pouvoirs spirituel [Eglise] et temporel [bras séculier -monarque-, bourgeoisie], s'inspirant des penseurs fondateurs de la Civilisation de l'Islam Classique [CIC], a exalté la dignité de l'esprit humain occidentalo-chrétien.* »

---

[21] Nas E. Boutammina, « Le Rétablisme », Edit. BoD, Paris [France], septembre 2013.

[22] Nas E. Boutammina, « Comprendre la Renaissance - Falsification et fabrication de l'Histoire de l'Occident », Edit. BoD, Paris [France], avril 2015. 2ᵉ édition.

4 - *Evolution des Sciences humaines et sociales*

Sous l'action de l'essor industriel, le centre d'intérêt des Sciences humaines et sociales s'est déplacé. Les sciences sociales vont s'intéresser particulièrement aux activités humaines, leurs formes d'organisation, politiques ou économiques. Ce type d'activité prévoit des projets globaux à la société humaine d'où la relation *catégorique*[23] des stratèges. Les conditions comportementales des hommes vivant en société peuvent être diverses : *linguistiques, psychologiques*[24], *économiques, démographiques, idéologiques,* etc. Le dénominateur commun à toutes ces disciplines est l'analogie de leur référence à l'activité humaine qui est devenue sujet d'investigation empirique, celle du concept de comportement. Quoi de plus naturel pour les *stratèges*[25] [*technocrate, financrate,* etc.] d'étudier l'Homme afin de mieux le contrôler et l'assujettir.

Aussi, les sciences sociales se définissent comme des sciences comportementales. Ce qui explique la création de

---

[23] *Catégorique.* Qui ne comporte ni condition, ni alternative.

[24] Les domaines psychologiques n'ont cessé de prendre de multiples directions, de se diversifier et de se professionnaliser : historiens de la psychologie, psychologie expérimentale, sociale, clinique, comparative, génétique ; psychophysiologie, psychosomatique, psychopathologie, psychothérapie, psychanalyse, psychopharmacologie, psychologie projective, psychologie de l'apprentissage, de l'éducation, des groupes, de la communication, psycholinguistique, psychologie industrielle, économique, juridique, etc. Il n'est guère de domaine humain qui ne puisse revendiquer une *spécialité psychologique.*

[25] *Stratège.* Personne qui conçoit avec compétence et habileté des plans à longue échéance lui permettant de maîtriser l'ensemble d'une situation et d'en tirer le meilleur parti, ici la maîtrise et la domination de l'humanité.

l'expression *science des mœurs* ou *du comportement* pour la caractériser.

5 - *Quelques disciplines des Sciences humaines*[26]

Sous la dénomination « *Sciences humaines et sociales* » diverses Facultés interagissent entre elles et y dispensant différentes disciplines[27] :

- Sciences historiques [Histoire]
- Sciences sociales [Sociologie]
- Anthropologie - Ethnologie - Muséologie.
- Paléontologie
- Histoire de l'art et archéologie - Archéologie
- Psychologie
- Philosophie [Humanités]
- Lettres classiques - Langues anciennes [latin, grec]
- Géographie [aménagement urbain, environnement]
- Démographie

---

[26] Afin d'illustrer cette étude, les Universités de Strasbourg et de Paris VII des Sciences humaines et Sociales ont servi de trame de fond à cette analyse. A peu près la même structure se retrouve dans toutes les Universités ou Facultés quant au programme et à l'enseignement des diverses disciplines des Sciences humaines et sociales. Quoi qu'il en soit, tous ces établissements sont interconnectés [UMR - *Unités Mixtes de Recherche*] entre eux [enseignement, délivrance de diplôme, échanges de documents, passerelle entre les disciplines, etc.].

[27] En France, chaque pôle universitaire de Sciences humaines et sociales est libre d'enseigner et de préparer des licences, des masters, des doctorats, etc. dans diverses disciplines comme par exemple, la théologie catholique, la théologie protestante, les sciences du sport, les sciences de l'éducation, etc.

Les *sciences historiques* étudient les sociétés passées, depuis le Proche-Orient ancien jusqu'au milieu du XXe siècle [Seconde Guerre de 1939-45].

L'objectif « *officiel* » est la connaissance et la compréhension de ces sociétés inhérentes à la compréhensibilité des sociétés et des individus contemporains. Dès lors, trois disciplines majeures des sciences historiques y concourent :

- Histoire [étude des textes].
- Archéologie [étude des traces monumentales ou les sites enfouis].
- Histoire de l'art [analyse peinture, sculpture, architecture et arts décoratifs].

Les diplômes délivrés par les Facultés sont la *licence*, le *master*, le *doctorat*, ainsi que le *Certificat Universitaire* [*CU*], le *Diplôme Universitaire* [*DU*]. L'histoire, l'archéologie et l'histoire de l'art débouchent sur des carrières dans les domaines de l'enseignement [Université, Faculté, Institut, Grandes Ecoles -*Ecoles normales supérieures*-, Collège, Lycée, etc.], Instituts de Recherche, les musées, les organismes de fouilles, les archives, les bibliothèques, etc.

Dans la subdivision *sciences historiques,* pour notre étude qui nous intéresse ici, c'est le département de l'*Histoire* qui attire principalement notre attention. Ce dernier se regroupe en instituts distincts dont voici les principaux :

a - Institut d'histoire grecque

Reposant sur une longue tradition [Moyen-Age, Renaissance] l'*Institut d'histoire grecque* explique qu'il dispose d'un large éventail sur différentes thématiques et périodes de l'histoire grecque antique. Ajoutant à cela, des spécialités étroitement liées à l'histoire grecque telle la langue grecque [département de lettres classiques], mais également des disciplines annexes comme la *papyrologie*, l'*épigraphie*, la *numismatique* et l'*archéologie* qui permettent d'accéder aux sources de l'*histoire grecque*[28].

b - Institut d'histoire romaine

A l'instar de l'Institut de l'histoire grecque, l'Institut d'histoire romaine est également tributaire d'une ancienne tradition [Moyen-Age, Renaissance]. Il traite de divers objets et époques de l'histoire romaine [Rome antique]. A cela, s'adjoignent des branches d'études liées à l'histoire romaine comme la langue latine [département de lettres classiques], mais aussi des disciplines auxiliaires telles l'épigraphie, la numismatique, l'archéologie, etc., qui souscrivent à l'accès aux sources de l'histoire romaine.

c - Institut d'histoire du Moyen-Âge

Cet institut s'occupe d'une riche thématique correspondant à un large éventail d'études :

---

[28] Dans le site de Strasbourg se trouve l'un des plus riches fonds documentaires de France en rapport avec l'histoire grecque ; ses bibliothèques renferment des fonds anciens exceptionnels et se dotent constamment d'acquisitions nouvelles.

- La formation des espaces européens et mondes germaniques.
- Renaissances médiévales : des lettres antiques aux littératures du Moyen Âge.
- La réception et la recréation du texte antique du Moyen Age au XXe siècle.
- La littérature médio-latine, hagiographie poétique et esthétique du récit médiéval [XIIe -XVe siècles].
- La mise en recueil et relations du texte et de l'image dans les manuscrits médiévaux.
- La méthodologie et pratique de l'édition et de la traduction des textes médiévaux.
- L'historiographie médiévale.
- La paléographie médiévale.
- La langue latine.
- La documentation historique.

La recherche, quant à elle, est structurée en différents axes thématiques au sein desquels sont développés des programmes susceptibles de s'inscrire dans un ensemble d'enseignement :

Axe 1 : *Lettres et textes médiévaux*

- De la translation à la traduction.
- Littérature et imaginaire.
- Sources d'histoire.

Axe 2 : *Espace, pouvoir et religion*

- Chevalerie, parenté, religiosité, XIe-XIIIe siècles.
- Normativité et territorialité des faits sociaux.
- Culte des saints et mémoire des morts.

Axe 3 : *Signes, formes et représentations*

- Musicologie médiévale.
- Culture écrite, culture visuelle.
- Les peintures murales.

Axe 4 : *Territoires, monuments et techniques*

- Monument religieux et son décor.
- Culture matérielle et habitat des élites [IXe-XIIe siècles].
- Organisation et usages des sites fortifiés [châteaux, villes, églises].
- Architectures de l'Orient latin.
- Habitat, paysages, économie.

d - Archéologie et histoire ancienne : Méditerranée-Europe

Ce département regroupe différents Instituts :

- Institut d'histoire et d'archéologie de l'orient ancien

L'Institut est l'héritier d'une ancienne tradition d'*orientalisme*. Il se consacre à l'étude de toutes les civilisations qui se sont développées depuis le *Néolithique* jusqu'à la fin du Ier millénaire av. J.-C., au Proche et Moyen-Orient, de la Méditerranée orientale à l'Indus. L'Institut s'engage dans l'archéologie de terrain, dirige des missions ou des opérations de recherche.

L'engouement et les moyens mis en place [humains, matériels, budget, etc.] affligeant n'ont rien de comparable à ceux consacrés à l'écoumène européen.

- L'Institut de papyrologie et l'Institut d'égyptologie

La *papyrologie*[29] « *grecque* » et l'égyptologie sont des disciplines distinctes, l'une centrée sur les textes grecs et sur l'histoire de l'Égypte hellénistique, romaine et byzantine, l'autre consacrée à la langue, à l'histoire et à l'archéologie de la civilisation de tradition pharaonique.

- Institut d'archéologie classique

Etudes de vases et tessons, de l'*Age du Bronze* à l'époque romaine, figurines en terre cuite hellénistiques et romaines, etc. ; l'ensemble de ces collections sert à des fins pédagogiques et de recherche. Il en va de même de fonds de photographies, dessins originaux et plaques de verre, recueillies à la fin du XIXe et au début du XXe siècle. Les enseignants de l'Institut sont chargés de chantiers de fouilles en France [époque gallo-romaine], en Grèce et à Chypre.

- Institut d'art et d'archéologie du monde byzantin

L'Institut a la caractéristique essentielle de dispenser des enseignements en histoire de l'art et en archéologie, disciplines indispensables pour bien saisir la *société byzantine*. Selon les auteurs, celle-ci s'étend sur une période allant du IVe au XVe siècle et couvre une importante zone géographique [Grèce, Balkans, Asie Mineure, Syrie, Palestine, Egypte, Libye, côtes de l'Afrique du Nord, Sud de l'Espagne, Italie et Sicile].

---

[29] *Papyrologie.* Science qui étudie les textes [littéraires, documentaires, profanes ou religieux] sur papyrus.

Le département d'histoire de l'art s'occupe de thématique qui couvre l'aire géographique occidentale et méditerranéenne, de l'Antiquité tardive à l'époque contemporaine et qui se caractérise en domaine chronologique :

- *Domaine chronologique : XVIIIe-XIXe siècle*
  Europe : arts graphiques, images scientifiques, historiographie.
- *Domaine chronologique : XIXe-XXe siècle*
  Europe : hellénisme - orientalisme - critique d'art - paysage.
- *Domaine chronologique : Moyen-Âge*
  Europe : architecture et sculpture.
- *Domaine chronologique : Moyen Age*
  France : architecture et sculpture.
- *Domaine chronologique : milieu du XVe siècle au milieu du XVIIe siècle*
  Europe, notamment Italie et Espagne : peinture, portrait, hagiographie.
- *Domaine chronologique : XXe siècle*
  France, Europe : sculpture, peinture.
- *Domaine chronologique : XIXe-XXe siècle*
  France, Europe : architecture, urbanisme, patrimoine.

e - Institut d'histoire moderne

Les champs d'activités de l'Institut sont, à titre d'exemples :

- Histoire des cultures en Europe XVIIIe-XIXe siècle.
- Histoire en France du milieu du XVe siècle au XVIIe siècle.
- Histoire de l'Etat moderne, des provinces et des communautés [interactions sociales et fiscales, justice, régulations sociales, criminalité, rapports sociaux, mentalités, etc.].
- Histoire sociale des sciences aux XVIIIe et XIXe siècles.
- Histoire culturelle, la France des Lumières et la Révolution française.
- Histoire des savoirs géographiques.
- Histoire de l'art et de la réforme en Europe centrale et Europe du Nord.
- Réforme radicale et les dissidents religieux [XVIe et XVIIe siècles].

f - Institut d'histoire contemporaine

L'Institut se consacre à l'histoire de l'époque napoléonienne jusqu'au milieu du XXe siècle [histoire contemporaine] dont voici quelques objets d'études :

- Formation des mondes européens [Europe occidentale].
- Histoire des mondes germaniques.
- Révolution française.
- Période industrielle.
- Epigraphie, cartographie historique.
- Méthodes d'histoire quantitative.
- Politisation, intégration nationale et révolutions

depuis la fin du XVIIIe siècle.
- Guerre et politique à l'époque contemporaine.

g - Institut national des langues et civilisations orientales [INALCO]

L'Institut national des langues et civilisations orientales [INALCO], dit « *Langues O'5*[30] », est un établissement français d'enseignement supérieur et de recherche chargé de l'enseignement des langues et des civilisations autres que celles originaires d'Europe occidentale [*Civilisation de l'Islam*[31], par exemple]. L'enseignement des langues et des civilisations orientales en France remonte à la création du *Collège de France* à l'initiative de Guillaume Budé [1467-1540]. L'intérêt stratégique que les humanistes portent aux langues anciennes [grecque et latine] s'est en effet très vite doublé d'un besoin en *orientalistes* pour la diplomatie [politico-hégémonique] de François Ier [1494-1547] le roi emblématique de la période de la *Renaissance française*.

Des origines [1669] jusqu'à 1914, l'INALCO a pour mission d'enseigner des langues orientales vivantes pour un double objectif *politique* [colonialisme] et *commercial* [pillage des colonies]. Les premières langues enseignées furent, naturellement, l'*arabe* « *littéraire* » et l'*arabo-berbère* [« *langue vulgaire* » ou « *dialectale* »], puis le turc, ainsi que le tatar de Crimée, le persan, le malais, etc. Elle se développe constamment au cours du XIXe siècle

---

[30] Se prononce Langzo.
[31] La Faculté de droit, de sciences politiques et de gestion de Strasbourg, par exemple, délivre un diplôme national, le *Master islamologie* « Droit et gestion, spécialité islamologie ».

[colonisation généralisée] par l'ajout de langues nouvelles[32].

h - Collège de France

Le *Collège de France* est un grand établissement d'enseignement et de recherche. Il dispense des cours non diplômants de haut niveau dans des disciplines scientifiques, littéraires et artistiques. L'enseignement y est gratuit et ouvert à tous sans inscription.

La nomination comme professeur au Collège de France est considéré comme honorifique car étant une des plus hautes distinctions dans l'enseignement supérieur français. Sa fondation remonte à l'époque de François Ier, [1494-1547] sous la férule de son « *maître de librairie* », le traducteur d'œuvres antiques Guillaume Budé [1467-1540][33] qui en 1530, lui suggère d'édifier un collège de « *lecteurs royaux* ».

Des *humanistes* financés par le roi ont la charge d'enseigner des disciplines comme le grec, le latin, l'hébreu, le droit français, les mathématiques et la médecine.

---

[32] Depuis les années quatre-vingt, l'INALCO a un statut de grand établissement ayant pour vocation d'enseigner les langues de l'Europe centrale et orientale, de l'Asie, de l'Océanie, de l'Afrique et des populations aborigènes de l'Amérique, ainsi que la géographie, l'histoire, les institutions, la vie politique, économique et sociale des pays concernés.

[33] G. BUDE [latinisé BUDAEUS] est un humaniste français issu d'une importante famille de fonctionnaires royaux anoblie par Charles VI de France. Cet érudit avait embrassé diverses sciences, théologie, jurisprudence, mathématiques, philologie ; il est connu essentiellement comme helléniste.

D'abord dénommé « *Collège royal* », il eut diverses désignations [« *Collège impérial* »], avant d'acquérir son nom actuel de Collège de France [1870]. Une première dans toute son histoire, le Collège de France s'unit [2010] à d'autres institutions d'enseignement supérieur et de recherche en créant la fondation Paris Sciences et Lettres - Quartier latin. Le Collège de France est divisé en sept ensembles de disciplines : sciences mathématiques, sciences physiques, sciences naturelles, sciences philosophiques et sociologiques, sciences historiques, philologiques et archéologiques.

III - Orthodoxie historique et historiographique

L'*Orthodoxie* se définit [dans le domaine religieux] comme : « *doctrine considérée comme norme de la vérité [en matière de religion], et enseignée officiellement* ».

Par extension, l'*Orthodoxie* c'est la : « *conformité, dans quelque domaine que ce soit, avec la doctrine, les principes [d'une école ou d'un groupe] considérés comme les seuls véritables* ».

L'*Hétérodoxie* se définit dans le domaine religieux comme : « *tout ce qui s'écarte de la doctrine officiellement reçue* ».

Par extension, l'*Hétérodoxie* est : « *qui ne se conforme pas aux opinions, aux idées traditionnelles ou communément admises dans un domaine donné* ».

G.P. Carafa [1476-1559] qui devint pape sous le nom de Paul IV [1555] décréta qu'on poursuive avec détermination tous les suspects, n'épargnant ni les évêques, ni les cardinaux[34]. Il chargea la congrégation de dresser une liste des livres qui portaient atteinte à la foi ou à la morale. Il fit publier en 1559, le premier « *Index des Livres interdits* ». L'Eglise catholique publia un catalogue indiquant les

---

[34] R. POLE, prélat anglais.

livres considérés comme dangereux pour la foi et la morale sous le titre de : « *Index Librorum Prohibitorum* ». Il était interdit aux catholiques, sous peine d'excommunication, de posséder, lire, vendre ou transmettre toute littérature mise à l'*Index* sans avoir obtenu une autorisation ecclésiastique préalable.

L'Eglise chrétienne condamna sévèrement des écrits jugés hérétiques, publia des décrets [35] interdisant la littérature qu'elle considérait comme répréhensible sur un plan doctrinal ou moral. La promulgation d'un nouvel Index au Concile de Trente en 1564 qui recense les ouvrages ne pouvant être lus qu'après suppression de passages porte le nom de : « *Index Librorum Expurgandorum* » dit « *Expurgatorius* » [*Index purgatoire*]. Cet Index sélectionnait donc, des livres totalement ou partiellement prohibés.

Enfin, en 1571, le pape Pie V mis en place une *congrégation de l'Index*. Réformée de nombreuses fois, elle fut autonome jusqu'en 1917, date à laquelle elle fut rattachée au Saint-Office [ex-*Congrégation de la Sainte Inquisition*] ; actuellement, *Congrégation pour la doctrine de la foi*. La publication de 1948 fut la dernière édition de l'Index. En 1966, l'Eglise déclara qu'il n'y aurait plus d'édition ; la liste existante n'était pas contraignante. L'excommunication liée à la lecture des livres à l'Index fut également levée.

---

[35] Décret gélasien [VIIe au VIIIe siècles]
Décret de GRATIEN [1140]
Décrétales DE GREGOIRE IX [1234]

L'institution de l'Index fut un instrument important de lutte contre la propagation de l'Islam, de la Réforme, et enfin, contre l'esprit des *Lumières*. De nombreuses œuvres littéraires furent ainsi mises à l'Index. Les écrits des penseurs perso-berbéro-andalous considérés comme pernicieux et hors la loi pour l'Eglise furent la proie de l'obscurantisme. Néanmoins, l'Eglise, hypocritement ne s'est pas empêchée d'assurer sa propre collection. Actuellement, la *Bibliothèque du Vatican* renferme sous scellés des centaines de milliers de volumes originaux d'auteurs issus de la *Civilisation de l'Islam Classique* traitant de tous les branches du savoir [sciences, techniques, littérature, arts, etc.] d'une valeur inestimable.

Tout en cherchant à calmer le zèle du Saint-Office, les papes suivants considérèrent cette institution comme un instrument ordinaire permettant de veiller à l'ordre dans l'Eglise et à l'orthodoxie doctrinale.

A - *Orthodoxie historique*

L'*Histoire orthodoxe* ou encore *Orthodoxie historique* est l'expression majeure de l'*Histoire officielle* ou *Histoire institutionnelle*. Si son destin est d'une grande continuité avec le passé [Moyen-Âge, Renaissance, etc.] marquée par la fidélité aux *Pères*, les *Humanistes*, il dévoile, en effet, d'étranges ruptures avec les réalités historiques, des phases d'occultation, des périodes de falsification, des cycles de fabrication. Jusqu'à présent, aucune force hostile n'est venue détruire les formes culturelles dans lesquelles l'orthodoxie historique s'exprimait depuis déjà fort longtemps.

L'orthodoxie historique a souvent une tendance à se constituer, non sans analogies avec les chroniques, les épopées. Tout cela en une transmission traditionnelle rituelle et populaire, sacralisant sans discernement les chroniques, le folklore populaire, les dires des Pères de l'orthodoxie historique et canonisant leurs écrits fondateurs.

L'orthodoxie historique a continuellement manifesté son emprise culturelle avec maintes résurgences de l'hellénisme antique fignolé à l'humanisme transfiguré, en passant par la période moderne embellie et contemporaine parachevée !

Si l'orthodoxie historique s'engage dans une aventure planétaire, c'est que ses objectifs ont porté ses fruits. En effet ses discours, ses énoncés, ses objets ont valeur d'affirmation universelle. Il suffit d'observer les structures d'enseignement et de recherche des Universités de « *Sciences humaines* » ou celles des « *Social Science* » [anglo-saxon] à travers le monde. Quasiment les mêmes études quant au programme [discipline, matière, etc.] et au cursus [licence, master, doctorat, etc.].

Actuellement l'*Histoire orthodoxe* est donc présente dans toutes les sociétés qui ont accepté, parfois avec une apparente servilité, son régime sans jamais transiger sur son contenu.

À la limite de l'absolutisme, l'Histoire orthodoxe se renforce sans offrir d'ouverture manifeste avec l'*Histoire hétérodoxe* ou *contre-histoire*. Cette dernière joue un rôle fécond dans le renouveau de la pensée historique moderne ou « *pensée rétabliste* ». Elle réagit contre l'exubérance de la pensée historique unique, en une synthèse entre les exigences de la culture contemporaine et l'inspiration de la Vérité en y joignant une haute réflexion sur la genèse et l'essor de l'Histoire orthodoxe.

Un dialogue positif et fécond ne semble aucunement engagé actuellement par l'orthodoxie historique qui ne peut se le permettre sans perdre sa réalité « *sacramentelle* ». En effet, avec une telle considération, l'*orthodoxie historique* subirait une crise qui mettrait en cause non seulement son contenu même mais également sa manifestation créatrice et qui renverrait plus que jamais celle-ci à l'expérience idéaliste, au romanesque, au légendaire.

1 - Histoire de l'orthodoxie historique

On peut dater les origines de l'orthodoxie historique en tant que constituant les trois variantes maîtresses de l'Humanisme institutionnel à la Renaissance : l'*Arrivisme*, l'*Opportunisme* et l'*Affairisme* des Humanistes[36]. Leur

---

[36] Quelques humanistes célèbres du XIVe au XVIIIe siècle : *XIVe siècle* : Pétrarque [1304-1374], Giovanni Boccaccio dit Boccace [1313-1375], Coluccio Salutati [1331-1406], Benvenuto da Imola [1338-1390], Geoffrey Chaucer [1343-1400] - *XVe siècle* : Poggio Bracciolini [1380-1459], Guarino Veronese [1374-1460], Leonardo Bruni [1370-1444], Jan Van Eyck [1390 - vers 1441], François Philelphe [1398- 1481], Nicolas de Cuse [1401-1464], Lorenzo Valla [1407-1457], Giovanni Pontano [1426-1503], Giulio Pomponio Leto [1428-1497], Guillaume Fichet [1433- vers 1480/1490], Marsile Ficin [1433-1499], Léonard de Vinci [1452- 1519], Johannes Reuchlin [1455-1522], Jean Pic de la Mirandole [1463-1494], Leon Baptiste Alberti [1404-1472] - *XVIe siècle* : Jacques Lefèvre d'Étaples [1450-1537], Érasme [1466-1536],

historicité maintes fois embellie par leurs soins et ceux de leurs sympathisants [adeptes, partisans, etc.] s'est toujours imposée sans que jamais celle-ci ne fût remise en doute ou ternie. Bien au contraire, elle fut même reléguée au rang de support intellectuel ou de substance spirituelle fondatrice des Facultés et Universités de Science humaines et sociales, le foyer de la confection de l'orthodoxie historique. Dans la réalité, la ligne de conduite était tracée depuis fort longtemps. Une orthodoxie historique et historiographique se dessine au cœur de l'Histoire du jour où elle est reconnue et assimilée par le pouvoir politique et où elle se lie, en retour, à celui-ci. À la constellation universitaire, assez lâche, des siècles de son établissement se succède une confédération de Facultés dotées chacune, à peu près du même programme d'enseignement et reconnaissant mutuellement cet héritage humaniste.

Guillaume Budé [1467-1540], Nicolas Machiavel [1469-1527], Thomas More [1478-1535], Beatus Rhenanus [1485-1547], Georgius Macropédius [1487-1558], Guillaume Du Bellay [1491-1543], Juan Luis Vivès [1492-1540], François Rabelais [1494-1553], Étienne Dolet [1509-1546], Joachim Du Bellay [1522-1560], Louise Labé [1524-1566], Pierre de Ronsard [1524-1585], Étienne de La Boétie [1530-1563], Michel de Montaigne [1533-1592], Giordano Bruno [1548-1600], Blaise de Vigenère [1523-1596], Isaac Casaubon [1559-1614], Ambroise Paré [1510-1590] - *XVIIe sicle :* Galilée [1564-1642], Tommaso Campanella [1568-1639], Nicolas-Claude Fabri de Peiresc [1580-1637], Thomas Hobbes [1588-1679], Pierre Gassendi [1592-1655], René Descartes [1595-1650], Baruch Spinoza [1632-1677], Jean Meslier [1664-1729] - *XVIIIe siècle :* Giambattista Vico [1668-1744], Montesquieu [1689-1755], David Hume [1711-1776], Paul Henri Dietrich, baron d'Holbach [1723-1789], Nicolas de Condorcet [1743-1794], Thomas Jefferson [1743-1826], Jeremy Bentham [1748-1832].

*Les normes de l'orthodoxie historique et historiographique
commune sont définies à l'ombre du pouvoir politique !*

L'Histoire orthodoxe est foncièrement hostile à toute
prétention d'ouverture d'esprit et s'achemine, par la force
des choses, vers une prépondérance morale sur l'ensemble
de l'Histoire. Le haut niveau d'hégémonie sur la culture et
l'organisation historique qui est le sien la confirme dans la
conviction d'être le modèle de la pensée, la référence
intellectuelle façonneuse d'institutions et d'usages. Elle se
sent une vocation *œcuménique*[37]. L'Histoire orthodoxe est
stimulée par la promotion insolente du siège de la Raison,
revendique une autorité sur l'ensemble de l'Histoire. À son
œcuménisme, s'oppose une résistance, la *Contre-histoire* ou
Rétablisme. Les deux antagonismes se distinguent
néanmoins de plus en plus. L'Histoire orthodoxe montre,
à peu de choses près, sa véritable physionomie quant à son
« *idéal universaliste* » aux perspectives illimitées.

a - Le centre de gravité politique de l'orthodoxie historique

L'orthodoxie historique se fixe dans les limites d'un
Etat et sera quadrillée à l'image de la carte administrative.
Le caractère officiel que revêt l'Histoire orthodoxe rend
possible ce qui semblait inconcevable, à savoir, dicter
volontiers la discipline de l'orthodoxie historique sans se
soucier de ménager les particularismes du monde
scientifique. Bref, toutes les nouvelles idées et notions, tous
les nouveaux concepts et postulats, conspirent à saper

---

[37] *Œcuménique.* Qui concerne l'ensemble de la terre habitée ; général,
universel.

l'orthodoxie historique le centre de gravité des Institutions de la société.

Une pensée unique et une hégémonie : ainsi peut-on résumer la volonté de puissance de l'Histoire orthodoxe dont le revers viendra, c'est inéluctable. La désagrégation de l'esprit, la confusion à peu près générale de la critique en tant qu'examen raisonné, objectif, qui s'attache à relever les qualités et les défauts et qui donne lieu à un jugement de valeur ; la déliquescence de la culture, tout cela est fait pour rehausser le prestige de l'Histoire orthodoxe.

Cette position de force, relative, est impuissante à exorciser une incompatibilité profonde, celle de museler la quête de la vérité. Cette dernière est exacerbée par une évolution politico-historique divergente des intérêts réels des individus.

b - L'orthodoxie historique et l'Etat

L'orthodoxie historique et Etat composent un couple indissociable : l'une s'incarne dans l'autre et tous deux convergent dans l'unité complexe de la société. On estime que la pensée unique de l'orthodoxie historique demeure immuable. Sans aucun doute, il en sera ainsi tant que subsistera un état d'apathie intellectuel, tant qu'une résistance contre-historique ne se manifestera pas.

L'Etat [donc la Politique et la Finance ou *Financratie*] garantit à l'orthodoxie historique l'ordre et la prospérité indispensables à l'exercice efficace de sa *mission catéchisante*, à laquelle elle reste cependant soumise. La conscience de son rôle, enfermée par la raison d'État ou les projets *financratiques* [politique de la Finance], l'entraîne à outrepasser ses prérogatives culturelles.

On attend de l'orthodoxie historique seulement qu'elle assure l'assujettissement de la volonté des individus au déterminisme politique, économique et financier d'un groupe d'intérêts [Etat, Financrates, Stratèges, etc.].

Les décisions de l'orthodoxie historique sont souvent accueillies dans les sphères étatico-financières à la suite des dispositions proprement politiques. Cette interprétation extensive de l'orthodoxie historique ne se heurte qu'à une rare opposition.

L'orthodoxie historique est l'émanation à la fois de la souveraineté de l'Etat qui propose des programmes à ses « *administrés* », qui choisit ses garants, lui l'investit des insignes de la charge [corps enseignant].

Dans les faits, l'Etat [groupes d'intérêts, Stratèges, Financiers, etc.] impose, quand il le veut, ses thèmes à l'orthodoxie historique, sans se donner la peine de masquer les apparences.

De la symphonie de l'orthodoxie historique orchestrée dans les Universités et Facultés des Sciences humaines et des Grandes Ecoles résultera indubitablement l'unité harmonieuse des populations ainsi évangélisées à la culture d'Etat. Ce dernier, organisme mystique aux projets ambitieux affermit une complicité des intérêts.

c - L'aptitude de l'Histoire orthodoxe

L'Histoire orthodoxe assure sa propre aptitude, sous une double forme : historique et historiographique. À l'échelon historique, l'Histoire orthodoxe détient le monopole notamment de la thématique. C'est elle qui établit les sujets d'études, d'enseignement et de diffusion Un genre de *consistoire* [assemblée, réunion] que l'on peut désigner par « *sélection de programmes* » se déroule en la présence de fonctionnaires ou dignitaires d'Etat dont le Chef [d'Etat] reste de droit la tête de l'institution promotrice d'Histoire orthodoxe. Cette dernière, du fait même de sa constitution couvre un vaste domaine culturel. Il dépend du caractère, du zèle ou des prétentions envahissantes de sa vision de la culture. En tout état de cause, l'Histoire orthodoxe dispose, en droit, d'une liberté d'action considérable. Elle veille au respect, justement, de son « orthodoxie » et de la discipline au moyen de solutions diverses [disciplinaire, juridique, etc.].

L'établissement de l'Histoire orthodoxe incombe à un corps culturel et enseignant très différencié [Facultés, Universités, Musées, etc.] dont l'influence surtout souterraine est considérable au point d'inquiéter parfois l'Etat lui-même.

L'attachement atavique de l'orthodoxie historique à une extrême sobriété dogmatique [historique et historiographique] à l'encontre du penchant rebelle à remettre en cause et à redéfinir son dogme, son attachement soutenu par un centralisme hiérarchique rigoureux, semble la préserver, pour l'instant, de crises

« *rétablistes* » ou « *révisionnistes* » aux conséquences terribles. Ces dernières peuvent l'affecter du dedans. Le renouveau de la « *pensée libre* » ou « *pensée rétabliste* » favorise un réveil relatif de la spéculation, en lui mettant à son service la *méthode rétabliste*.

Une menace chronique pointe du côté des récalcitrants à la pensée unique. Des individus en quête de vérité historique, pour qui l'expérience intellectuelle personnelle était le fondement ultime de la lutte contre l'Histoire orthodoxe, la mettent en procès. L'Histoire orthodoxe ne s'émeut guère de ces audaces que lorsqu'elles rencontrent du crédit dans la population. Le caractère de ce type d'interventions atteste de son agacement au retentissement avéré. En revanche, l'Histoire orthodoxe se heurte à l'apport et aux méthodes parasites de ces derniers. Sans doute les affrontements vont se prolonger entre les deux camps, mais il n'est pas douteux que la mentalité générale va dans le sens des réfractaires. Le statisme de l'Histoire orthodoxe a sa réponse dans une certaine monotonie du phénomène hérétique. Dès lors, il apparaît qu'elle ait miné les fondements historiques hétérodoxes et qu'elle ait aliéné les masses populaires.

L'Histoire orthodoxe, sollicitée par la multiplication des interventions socioculturelle au dedans, par l'audience de l'idée politique autour d'elle, pérennise son long isolationnisme défensif et s'emploie à consolider son unité culturelle. Pour elle, tout jugement de valeur exclu l'impression d'un complexe « *archaïsant* ». Sa longue intégration dans l'idéologie politique, son conservatisme dogmatique et culturel, une imperméabilité prolongée à la réflexion authentique et à la critique historique ont accrédité une image tendancieuse de l'Histoire orthodoxe.

Des études rétablistes récentes ont démontré que ses institutions, les Universités et Facultés des Sciences humaines et sociales, aux structures figées, furent presque toujours un champ *humaniste* stimulant. Son formalisme séculier inébranlable a constamment refréné le dialogue, l'absence d'ouverture envers ses contradicteurs.

B - Index Historum Prohibitorum

1 - Ligne de conduite préétablie : protocole à suivre

La ligne de conduite historique est constituée par l'ensemble de documents, de textes qui résultent de l'activité d'une institution comme l'Université ou la Faculté des Sciences humaines.

Leur origine et leur mode de constitution remontent aux collections des écrits humanistes. Ceux-ci sont le résultat d'un choix. Si judicieux soit-il, il n'en demeure pas moins arbitraire. Bibliothèques et Universités sont constituées de documents [écrits, manuscrits, etc.] rassemblés et conservés. Certes, l'arbitraire n'est pas absent d'une politique ou d'une ligne de conduite, dans la mesure où sont effectuées des sélections et où une discrimination est faite entre documents à conserver, documents à détruire et documents à fabriquer. Encore ce choix est-il établi en fonction de l'*utilité présumée* des documents, donc de l'activité dont ils découlent.

La principale préoccupation des archivistes est de rendre service aux historiens. Il est donc nécessaire de connaître les différents rouages de l'institution [Faculté, Université] et leur évolution historique si l'on veut comprendre leur ligne de conduite historique. Un examen minutieux de la structure de la plupart des documents « *historisés* » permet, seul, d'analyser l'esprit et l'organisation qui leur ont donnés naissance.

On comprend aisément qu'une ligne de conduite ne comporte jamais les documents évidents. Ce n'est pas dans les fonds documentaires des Universités ou Facultés des Sciences humaines qu'il faut chercher l'original d'un manuscrit falsifié, le brouillon d'un faux ou les ébauches d'un texte fabriqué. De telles pièces originales et originelles se trouvent nécessairement sous celés. Les archives conservées tout au long du Moyen-Âge, en vue d'une utilisation ultérieure à la Renaissance., puis aux siècles suivants ; ce sont d'abord les documents des établissements ecclésiastiques qui sont particulièrement riches à cet égard.

On ne parle pas ici de documents titres de propriété ou de privilège, ainsi que les cartulaires, les lettres commerciales, la correspondance diplomatique et consulaire, les rapports et les enquêtes administratives, les procès-verbaux des cours judiciaires, des conseils de ville, les minutes notariales, etc. À côté des textes conservés, il faut faire place aux documents élaborés par les humanistes pour leur propre commodité et pour un usage personnel éventuel. Ceux-ci restent une part essentielle de la mémoire collective occidentale et constituent des sources précieuses pour confectionner l'Histoire.

2 - *Les problèmes de consultation documentaire*

L'accumulation ininterrompue des fonds documentaires, au cours des siècles, ne font pas connaître les grandes lignes de la richesse d'un dépôt douteux, voire faux ; à l'inventaire dit *analytique* qui donne, pièce par pièce, l'analyse des documents qui composent un fonds, toute une gamme d'inventaires plus ou moins détaillés ne permet malheureusement pas au chercheur de discerner sa voie dans le dédale des archives. Elles ne sauraient certainement suffire à l'historien qui, sous peine de graves lacunes dans sa récolte d'informations et dans leur traitement. Une connaissance générale du ou des fonds documentaires demeure donc des plus improbables. Là encore, de nouvelles couches artificielles s'ajoutent au traitement de l'information qui va encore enrichir celles déjà instituées. Ainsi, de nombreux objets de recherche sont tirés des publications de type *traditionnel*.

Les collections documentaires conservées font l'objet, par ailleurs, de programmes internationaux d'une ligne de conduite historique.

3 - *Prohibition historique ou historum prohibitorum*

L'objet de la *prohibition historique* ou *historum prohibitorum* est, comme son nom l'indique est l'interdiction promulguée par une autorité [Université, Faculté, Etat, etc.] et par *métonymie*[38], mesures qui en découlent.

---

[38] *Métonymie.* Figure d'expression par laquelle on désigne une entité conceptuelle au moyen d'un terme qui, en langue, en signifie une autre,

La prohibition historique est délibérément de caractère dérobé [au sens de soustraire à la vue, dissimuler], officieux dirons-nous. En effet, elle a une valeur intentionnelle qui cherche à passer inaperçu, le plus souvent, elle se manifeste avec modération, retenue, sans attirer l'attention !

Il existe autant de prohibitions historiques qu'il y a de sujets, d'objets, d'études, de thématiques historiques. Cependant, la prohibition historique n'est pas seulement l'action de mettre à l'Index, d'interdire, de défendre une certaine idée de l'historicité [histoire, historiographie], c'est aussi celui de critiquer tout exercice intellectuel qui tend à démêler le vrai du faux en vue d'estimer sa valeur historique. Enfin, c'est contredire ce qui fait autorité en ce qui concerne l'origine de tout événement ou tout énoncé quant à sa conformité avec sa réalité, la vérité intrinsèque.

La prohibition historique étendant ses observations à tout énoncé ou écriture « *livresque* » afin de maintenir sa souveraineté *intellectuelle* et *culturelle* en retraçant l'Histoire d'une écriture déterminée. À l'origine, la prohibition historique a étudié toutes les formes de la pensée, que celle-ci soit écrite ou audiovisuelle. Les *prohibiteurs* historiques ont été amenés à négliger les écrits inédits, originaux, controversés, officieux dirons-nous, au profit des seules écrits traditionnels, classiques, officiels, institutionnalisés, c'est-à-dire des antiquités gréco-romaines, des documents et des manuscrits médiévaux, de la Renaissance, par exemple.

---

celle-ci étant, au départ, associée à la première par un rapport de contiguïté.

L'expression « *Index Historum Prohobitorum* » signifie : « *mettre à l'Index, c'est à dire sur une « liste », les thématiques historiques prohibées [exclues, bannies] ou encore mettre à l'Index [liste] l'Histoire prohibée ou en d'autres termes, la « Prohibition historique »* » ».

La prohibition historique ne peut plus se contenter d'être une opération de surveillance ; par là même, elle est amener à ne plus se désintéresser de ce qui peut être publié et échapper à sa vigilance. Elle doit envisager l'Histoire dans sa totalité inaliénable et immuable. Cette remise en question ou *rétablisme* des énoncés historiques qui se révèle timidement était inévitable. Il n'a pas fait perdre de vue le dysfonctionnement de l'histoire de la pensée : certains individus [*Rétablistes*] étudient les mêmes documents sous des points de vue différents et qui, par conséquent, entrent en conflit avec les idées communément admises.

Historiquement, la prohibition historique a été amorcée réellement que très tardivement, leurs évolutions sont influencées avec les mêmes instruments sur les mêmes supports, elles relèvent des méthodes critiques et l'on parle aujourd'hui de *Rétablisme*.

Les bâtisseurs de la prohibition historique médiévaux lui ont donnés une extension très large à la Renaissance, puis à l'époque moderne qui englobe à la fois l'étude des écritures livresques apocryphes et leur mise à l'*index*[39].

---

[39] *Index.* Liste officielle [établie d'abord par la congrégation de l'Index, puis par le Saint-Office] des livres dont la lecture est interdite aux catholiques en raison des dangers qu'ils peuvent représenter pour la foi ou les mœurs.

La mise à l'Index d'un livre n'est pas par elle-même une condamnation absolue de ce qu'il enseigne, mais une mise en garde contre les dangers que sa lecture peut présenter[40] !

La diffusion d'écrits historiques prohibés peut profondément renouvelée l'Histoire officielle ou institutionnalisée. Il a souvent paru surprenant que les sujets historiques qui prêtent à controverse inclinent à penser à des répercussions plus sérieuses dans l'établissement de la vérité historique. Sous l'impulsion de la prohibition historique, désormais fixée depuis des siècles et pérennisée à travers les institutions éducatives [Ecole, Université, Faculté, Musées, Bibliothèques, Medias, etc.] et sur tous les supports, explique assez bien non seulement les discours faux, les énoncés artificiels fondateurs de la structure étatique et de la composition nationale ; mais aussi l'effort de leur mystification, au point que ces deux phénomènes tendent à se confondre ce qui nécessite, pour caractériser cette hybridation, de les adapter, de les développer continuellement. Cette entreprise a joué un rôle décisif dans l'ordre socioculturel, socioéconomique et sociopolitique préétabli.

L'usage de la prohibition historique a obligé à réécrire systématiquement tous les textes « *historiques* » sans qu'aucune occasion n'est donnée à un quelconque travail critique. Dès lors, les objets historiques véhiculés, par exemples ceux attraits à la *Civilisation de l'Islam Classique*, [CIC], la genèse des Sciences, l'origine culturelle des

---

[40] « *Dictionnaire théologique* L. Bouyer 1963 »

sociétés occidentales, etc. ne concordent pas avec l'analyse de leur historicité.

Dans le même registre, par exemple, l'historicité des grandes découvertes maritimes par les navigateurs à savoir l'Amérique [Cuba, Haïti, Venezuela, Guatemala] par Christophe Colomb [1450-1506], le contournement de l'Afrique pour parvenir en Inde à Calicut par Vasco de Gama [1460/1469-1524] ; enfin, la *circumnavigation*[41] par Fernand de Magellan [1480-1521]. Tous ces évènements sont enveloppés de mythes et leur historicité [véracité] est des plus hypothétiques, voire forgés de toute pièce[42].

La prohibition historique est demeurée, au cours des âges [*Moyen-Âge, Renaissance, Epoque moderne, Epoque contemporaine*], extrêmement fixe. En ce sens du moins que, sous les déformations d'un attrait à des cultures extra-européennes où la recherche d'une réalité ou certitude historique [par exemple, la passation de la culture de la *Civilisation de l'Islam Classique* à l'*Occident chrétien*] a toujours été réduit à l'imitation du « *modèle idéal* » gréco-romain, la « *civilisation hellénique* », que le *Système* [Etat, Education, Culture, us et coutumes, Enseignement, etc.] a imposé aux populations occidentales [et mondiale] et qui demeure essentiellement immuable.

On y distingue trois grands courants établissant la prohibition historique et empêchant toute modification

---

[41] *Circumnavigation.* Navigation autour du globe.
[42] Thématique qui fera l'objet d'un ouvrage ultérieur.

ou rectification historique et historiographique officielle qui devait rester monolithique et monoscripte. D'abord celui des traducteurs-copistes latins, puis celui des humanistes, enfin des colonisateurs qui caractérisent respectivement les périodes du Moyen-Âge [IXe-XVIe siècle], de la Renaissance [XVIe-XVIIe siècle] et de l'époque moderne [XVIIIe-XIXe siècle].

Une autre forme beaucoup plus sournoise et puissante de la prohibition historique trouva des diffuseurs attentifs attirés par l'appât du gain parmi les imprimeurs latinistes et les hellénistes qui ont adopté une réécriture de l'origine, par exemple des manuscrits *perso-berbéro-andalous*.

L'accent a été particulièrement mis sur l'action psychologique qui met en œuvre tous les moyens d'information [imprimerie, bulles papales, édits, etc.] pour propager la prohibition historique, créer un mouvement d'opinion et susciter une décision univoque, c'est à dire qui n'est susceptible que d'une seule interprétation. C'est ainsi que la propagande et la répression s'activa envers tout ce qui pourrait nuire à l'*establishment* de l'Eglise et de la monarchie [les deux autorités se confondent] par leur esprit de curiosité, la quête de connaissance, le scepticisme quant à la réalité des faits historiques et historiographiques, etc.

La prohibition historique ou historum prohibitorum est née, au départ, d'une tentative de lutter contre l'avènement socioculturel de la Civilisation de l'Islam Classique [CIC] du Moyen-Âge jusqu'à l'époque moderne ; puis, ensuite, elle s'est étendue insidieusement à d'autres champs historiques contemporains sous l'appellation de « révisionnisme[43] » ou « négationnisme[44] » !

Les mots « *révisionniste* », et « *négationniste* » usités constamment ces dernières années sur tous les supports médiatiques désignent tout individu remettant en cause le récit d'événements historiques contemporains [attentats du 11 septembre 2001, génocide rwandais, par exemple]. Cette remise en question de la version officielle de ces évènements cités n'est pas pénalement répréhensible[45]. Par

---

[43] *Révisionnisme.* Remise en question de faits appartenant à l'histoire de la Seconde Guerre [1939-45], tendant à nier ou à minimiser le génocide des Juifs par les Nazis. Par extension, comportement, doctrine remettant en cause un dogme ou une théorie.

[44] *Négationnisme.* Le terme « *négationnisme* » est un néologisme créé par l'historien HENRY ROUSSO [historien français, spécialiste du XXe siècle et surtout de la Seconde Guerre 1939-45] en 1987 afin de montrer le fait de contester la réalité du génocide mis en œuvre contre les Juifs par l'Allemagne nazie pendant la Guerre de 1939-45, c'est-à-dire la négation de la Shoah. Le négationnisme admet, soit qu'il n'y a pas eu d'intention d'exterminer les Juifs, soit que les moyens de réaliser cette extermination, notamment les chambres à gaz homicides, n'ont pas existé.
Le terme « *négationnisme* » est utilisé avec le sens de déni de faits historiques, malgré la présence de faits flagrants. Il s'agit généralement de faits historiques comprenant des cruautés. Ainsi, il est question de négationnisme à propos de la qualification officielle d'*opération de police* pour la guerre d'Algérie.

[45] Loi *Fabius-Gayssot.* Cette loi est une incohérence judiciaire et historique. Elle est l'unique loi en France qui défend aux historiens d'effectuer une étude de rectification sur une séquence historique donnée. Le paradoxe de cette loi est intensifié par le fait qu'elle est appuyée par des conclusions d'un procès militaire organisé par le camp des vainqueurs, très peu de temps après la guerre. Le sens du terme « *révisionniste* » [en France] s'est réformé. Jadis [il y a un siècle] il indiquait les défenseurs d'un capitaine juif accusé de trahison, actuellement le « *révisionniste* » prescrit

contre, l'utilisation de ces mêmes qualificatifs en ce qui concerne le génocide des Juifs par les nazis ou l'existence des chambres à gaz ou encore la réalité du génocide combinée à l'existence de textes de lois[46] est pénalement répréhensible et les médias sur tous supports [TV, Cinéma, radio, journaux, etc.] n'hésitent pas à opérer cet enchevêtrement quand il est question de ces événements.

Remettre en question des dogmes historiques [« *civilisation gréco-romaine* », la *Renaissance*, l'*Humanisme*, le *Siècle des Lumières*, le *colonialisme*, etc.] communément admis est inséparable de la méthode historique et de la critique textuelle.

A.R. Ibn-Khaldun [1332-1406][47], le fondateur des Sciences humaines [Histoire, Sociologie, Ethnologie, Economie] explique *qu'il existe une règle absolue et immuable en science historique : il ne subsiste pas de fait, d'évènement ou de séquence évènementielle qui ne soit susceptible d'être remis en question avec le temps !*

En effet, les progrès des Sciences [Archéologie, Physiques, etc.] dont l'informatique qui a permis de numériser et de diffuser [Internet, moteurs de recherche, etc.] les écrits difficilement accessibles [problème de consultation, de disponibilité documentaire, d'autorisation,

---

dans l'imaginaire collectif, est instinctivement associé à l'antisémitisme et à l'apologie du nazisme.

[46] *Ibid.*

[47] V. MONTEIL, « Ibn-Khaldun - Al-Muqadima [Discours sur l'Histoire universelle] », Commission internationale pour la traduction des chefs-d'œuvre, Beyrouth [Liban], 1967.

de bibliographie incomplète, etc.], des documents dont la pertinence et le bien-fondé autorisent une autre version que celle qui existe.

Par conséquent, démêler le faux du vrai apparaît digne d'intérêt et qu'il est possible de réunir assez d'éléments pour établir ou *rétablir* une version si évidente qu'elle devient incontestable. Lorsqu'il s'agit d'événements historiques redoutables qui présente un danger pour un système établi [idéologique, politique, sociologique, culturel, cultuel, etc.] et dont les enjeux sont considérables, voire vitaux, la prohibition historique [*historum prohibitorum*] prend tout son sens !

La partie de la prohibition historique est « *une histoire* » où les auteurs s'efforçaient d'enseigner « *l'art de perpétuer l'Histoire officielle* » par la variété de thématiques futiles qui d'après leur contenu ne pouvait aboutir qu'à une historicisation arbitraire d'un vide intellectuel et culturel, civilisationnel dirons-nous, extrême. De fait, celle de la *genèse des Sciences* communément admise, par exemple, est à l'heure actuelle tout à fait *invraisemblable*[48].

En ce début du XXIe siècle, la prohibition historique s'inspire dans ses visées à approfondir la technique de désorientation des esprits curieux en quête de vérité et de savoir, afin de les égarer pour qu'ils ne retrouvent pas l'aspect de l'authenticité de l'Histoire scientifique.

---

[48] NAS E. BOUTAMMINA, « Comprendre la Renaissance - Falsification et fabrication de l'Histoire de l'Occident », Edit. BoD, Paris [France], avril 2015. 2e édition.

4 - L'Etat garante de l'Histoire officielle

Jadis, l'Eglise qui régnait en maître incontesté était garante de l'Histoire officielle, puis l'Etat prit la relève après l'éviction de cette dernière du pouvoir !

Tous les pays ont établi leur ligne de conduite historique, c'est-à-dire la popularisation encore plus accrue des documents émanant des administrations anciennes qui restent le socle de celles modernes. Des limitations ont cependant été mises aussi bien dans l'intérêt des États que dans celui des Institutions [Faculté, Ecoles, etc.]. Il ne saurait être toléré, en effet, que n'importe qui puisse contredire ou réviser des documents « *officiels* » qui pourraient *nuire à la réputation du passé, d'une époque historique*. Il ne saurait non plus livrer à la curiosité publique les dossiers historiques « *sensibles* » sous peine de remise en question de l'Autorité historique établie. La communication en est donc prohibée où dans des cas exceptionnels limitée.

Il en est ainsi des lignes de conduite historique, de certains fonds documentaires intéressant la « *sécurité historique de l'État* », donc les fondations [historiques] sur lesquelles elle repose.

5 - Historico-hérétique ou Rétabliste

L'expression « *Historico-hérétique* » désigne le *Rétabliste*, un individu en quête de Vérité qui se captive pour l'histoire, qui révèle, qui analyse des faits, des aspects du passé, rédige des ouvrages d'histoire ; enfin, qui est susceptible d'enseigner les diverses branches de cette discipline sans pour autant appartenir au corps des historiens attitrés à proprement dit, c'est à dire ayant suivi un cursus universitaire diplômant dans une Faculté de Sciences humaines ou une Université de Sciences sociales. Il le réalise avec un regard nouveau loin de l'esprit partisan ou selon une ligne de conduite tracée par les pairs de l'Histoire, les *mandarins* des Universités et des Facultés.

Bien entendu, la vision qu'a le *rétabliste* de l'Histoire diverge de celle de l'*historien attitré* [fonctionnaire, professionnel] et abouti à la création d'une *contre-histoire* comme celle qui est issue du *Rétablisme*[49]. Ces différends ont dépassé le cadre strictement intellectuel car ils dérogent aux règles préétablies et changent la donne du monde historique. Puisqu'il implique un jugement de valeur, le *rétabliste* est mis sur la sellette car il s'aventure dans un domaine de la connaissance [Histoire] que les historiens attitrés considèrent comme leur étant exclusivement réservé : une *chasse-gardée*.

Son terrain d'origine est, en effet, celui des conflits entre l'*Histoire orthodoxe* [officielle ou institutionnalisée] ou *orthodoxie historique* hiérarchique et des *courants historiques hétérodoxes* ou *rétablistes* différents de l'enseignement prescrit. Les autorités de l'orthodoxie historique les considèrent comme *hérétiques*[50] ou *historico-*

---

[49] NAS E. BOUTAMMINA, « Le Rétablisme », Edit. BoD, Paris [France], mars 2015. 2ᵉ édition.

[50] *Hérétique.* Qui soutient une proposition, une doctrine contraire à ce qui est couramment admis.

hérétiques [*apostat*[51]] ou encore *rétablistes.* Ce terme est employé pour exclure tous mouvements de protestation ou de révision historique en les accusant d'apostasie et d'imposture.

Le grief des historiens attitrés aux tendances dissidentes des *rétablistes* entraîne, de la part des premiers, une mesure d'*anathème*, au terme de procédures diverses [désinformation, judiciaire, etc.] selon le degré du désaccord. Elle correspond à la forme la plus aiguë de mésentente intellectuelle.

Le rétabliste joue un rôle éminent dans l'établissement de la vérité historique, dans la quête des réalités évènementielles. En un temps où toutes les sociétés contemporaines sont marquées par la dissimulation, la finasserie à restituer la véracité historique, les travaux novateurs des *rétablistes* peuvent exprimer les aspirations les plus fondamentales aux exactitudes factuelles. De ce fait, elles engendrent ainsi, inéluctablement, des conséquences mentales socioculturelles et politiques.

Sans refaire un schéma simpliste qui réduirait toutes ces notions à une excentricité intellectuelle de certains illuminés [*rétablistes*], néanmoins, il est nécessaire d'admettre leur influence pour comprendre la puissance des *historiens attitrés* et les résultats de leurs objectifs. Ces derniers demeurent les garants de l'*Histoire orthodoxe* et de l'*orthodoxie historique.*

---

[51] *Apostat.* Renonciation, par reniement, à quelque chose, ici l'Histoire orthodoxe ou officielle. Abandon d'une doctrine, d'un parti, etc.

En ce XXIe siècle, par exemple, le courant rétabliste, est même, à sa racine, l'expression d'un ressentiment socioculturel, socioéconomique, sociopolitique et spirituel. Par leurs écrits, leur mode de pensée d'un intérêt certain, nombre de rétablistes réforment l'Histoire et l'Historiographie dans le sens de la vérité, de l'authenticité et de la transparence en constituant une contre-histoire qui mobilise les énergies critiques de tout horizon et des plus diverses.

La réaction de l'Histoire orthodoxe ou institutionnalisée est souvent sournoise ; les moyens qu'elle emploie pour combattre le Rétablisme font d'elle la garante de l'ordre historique préétabli !

Il suffit de citer, par exemple, son attrait dérisoire pour reconsidérer et reconstituer l'apport réel de la *Civilisation de l'Islam Classique* [*CIC*] aux sociétés occidentales, la falsification et la fabrication de l'Histoire et de l'Historiographie occidentale à la Renaissance et aux siècles suivants.

Le rétabliste peut traduire aussi la rébellion d'un sentiment intellectuel autant que moral, culturel, socioéconomique ou encore politique !

Réalité multiforme, le Rétablisme peut être, tour à tour ou à la fois, protestation intellectuelle, innovation ou réaction culturelle, exigence de rectification, rétablissement de l'Histoire scientifique contemporaine, revendication de l'authenticité, dissidence historique, résistance idéologique. Les conflits dont il peut être à l'origine donneront lieu au rétablissement de l'Histoire humaine. L'esprit du Rétablisme produit aussi des systèmes conceptuels et moraux parmi les plus subtils sur des thématiques allant, par exemple, de l'apparition de l'Homme jusqu'à l'avènement de la Banque et de la Finance mondiale.

L'idée du Rétablisme n'a pas été sans effet non plus dans le domaine esthétique ou artistique, soit que les rétablistes se désengagent des symboles aux représentations historiques jugées orthodoxes, soit qu'ils refusent de soumettre leur création au verdict de l'historicité officielle. Ou encore qu'ils aient retenu leur style exacerbé du phénomène pour les incorporer selon une vision révolutionnaire de la rupture rétabliste.

a - Le schisme historique du Rétabliste

La distinction se fait d'emblée entre le rétabliste et l'historien attitré ou historien fonctionnaire. D'un côté, il s'agit de rompre avec la tradition historique officielle héritée des actions tactiques des humanistes de la Renaissance et des stratèges des époques postérieures [XVIIe au XIXe siècle] et de revendiquer en même temps une légitimité fondée sur la véritable historicité des évènements [historiques et historiographiques]. De l'autre, de faire sécession pour protester contre une forme monoscripte et monolithique des énoncés, objets et discours de l'Histoire orthodoxe ou institutionnelle qui sévit toujours, et contre ses décisions en matière d'historicité.

Mais les mobiles du *schisme historique rétabliste* et de l'historien attitré divergent souvent. Il est clair, par exemple, que l'orthodoxie historique ne manque pas d'appliquer à la fois les qualificatifs de schismatiques et d'hérétiques aux *rétablistes*. Ainsi, celui-ci [*schisme historique rétabliste*] perçu comme hérétique par les historiens attitrés [ou fonctionnaires ou professionnels] expose sa vision de l'Histoire en marge, dès lors qu'il est formellement rejeté, décrié car il se constitue en « *historien* » rival.

Inversement, les accusations réciproques des rétablistes peuvent conforter dans leurs positions respectives les partisans et les adversaires de la Vérité. Les historiens attitrés ou institutionnalisés refusent de reconnaître les rétablistes suspectés de mettre en péril l'Histoire officielle, socle des sociétés occidentale et de l'*Ordre mondiale*.

Il reste que les questions historiques brûlantes [à l'origine de l'apologie des Etats, de la genèse du prestige d'une nation, de la conception financière ont fait l'objet d'une mise sous scellée sous la rubrique « *Index Historum Prohibotorum* » et ne pouvait donc jouer aucun rôle de *garde-fou*, de « *norme* » ou de *régulât* à l'encontre du dictat de l'Histoire orthodoxe. En cela, il a porté grandement préjudice à l'essor civilisationnel.

b - La sous-estimation des Rétablistes

Quand les rétablistes deviennent un contre-courant historique, des mesures « *disciplinaires* » sournoises [discrédit, défiance, etc.] prises par les autorités de l'orthodoxie historique frappent ces hérétiques. En plus de la proscription des idées de ceux-ci, elles peuvent ordonner la prohibition de leurs ouvrages. Lorsque des intérêts réels ou susceptibles d'être menacés, il est ardu de contrecarrer un tel usage. Si les historiens attitrés savent justifier de telles attitudes, celles-ci émanent du bras séculier, qui voit dans les rétablistes l'éventualité des sources de troubles sociaux et politiques [et donc économique et financière]. Ainsi, la rigueur à l'encontre des rétablistes est de règle. Sous la pression des évènements, rien n'empêche les rétablistes de durcir leur attitude réfractaire.

Les rétablistes considèrent que l'instance étatique, par l'entremise de ses fonctionnaires [historiens] ne se prive pas pour prendre des mesures selon l'intérêt du moment afin de « *sévir* » le « *blasphème contre l'Histoire orthodoxe* ».

A souligner que le terme « *rétabliste* » renvoie à un schème idéologique « *contestataire* », un courant de pensée attaché à la quête de la *Vérité* [avec un grand « *V* »] historique. Telle est sa valeur. Ses écrits attestent la mise en garde contre les inexactitudes, les falsifications et les fabrications historiques et historiographiques. Cette approche novatrice de l'Histoire est jugée perverse par la caste « *historicienne* » attitrée [*historiens fonctionnaires* ou *professionnels*]. Leur intervention est déterminante. Elle s'indigne des travaux d'observation et de recherche de leurs adversaires [rétablistes] lorsqu'ils effectuent un « *rétablissement* » de la réalité, donc de la Vérité, au-delà de leurs opinions personnelles ou de leur origine ethnique, sociale ou religieuse.

La « *caste historicienne* » a la charge de la formation du corps enseignant en ce qui concerne l'Histoire [*pédagogie*[52]], elle écrit, dispense et met en application les programmes scolaires d'Histoire [enseignement pédagogique, instruction], elle rédige le contenu et dirige la publication des principaux manuels scolaires. Opposée farouchement au Rétablisme, la *caste historicienne* est, en apparence, à la quête de la Vérité. Celle-ci ne peut réussir à imposer l'unicité d'une orthodoxie historique fondée sur une succession de legs remontant à l'époque médiévale. Les composantes de cette dernière ébauchent un motif *historico-historiographique* comme pourvoyeur de suspicion et de scepticisme appelés à disparaître. Dès lors, un avenir satisfaisant s'offrira aux rétablistes qui corrigeront la tradition des erreurs et des absurdités historiques.

L'instrument dont dispose le rétabliste a un grand pouvoir réducteur : la Vérité. Cette dernière répudie la dissimulation, l'imposture !

Le contexte intellectuel dans lequel s'est élaboré le Rétablisme explique le primat de l'aspect scientifique qui a permis de démasquer l'orthodoxie historique, en mettant en lumière l'origine doctrinale [*Humanisme*] et leur pratique, celle de maintenir à l'écart l'hétérodoxie historique rétabliste.

---

[52] *Pédagogie*. Science de l'éducation des jeunes, qui étudie les problèmes concernant le développement complet [physique, intellectuel, moral, spirituel] de l'enfant et de l'adolescent.

La redéfinition de concepts fondamentaux de l'Histoire et les débats qui l'accompagnent a donné, en outre, son essor à la réflexion historique tout domaine et toute discipline confondue. Le contenu ne peut d'abord être déployé intellectuellement qu'à la faveur de la discussion des thèses jugées douteuses, trop « *édifiantes* » pour être vraisemblables. Aussi, l'interprétation de l'Histoire « *académique* » ou *institutionnalisée* [orthodoxe], donc « *popularisable* », et même la formation du canon de l'enseignement historique [Ecole, Faculté, Université] figurent parmi les enjeux principaux de la caste historicienne.

L'image du rétabliste esquissée fermement par l'Histoire orthodoxe, suppose à l'origine que ce dernier est un phénomène hérétique.

c - A l'ombre de l'Histoire

L'ignorance dans laquelle ont été tenues jusqu'à nos jours les populations ne peut durer éternellement. Le rétabliste suscite l'enthousiasme d'individus croyant en la vérité et déterminés à lui accorder une place essentielle dans le registre de la Connaissance.

Inacceptables pour le pouvoir de la caste historicienne, les propos et les idées du rétabliste suscitent l'animosité et éveillent la méfiance de celle-ci car leur spécificité apparaît indubitablement. Enfin, l'obscurité où les a laissés des siècles d'érudition douteuse n'est pas sans rapport avec les propos illustrés à notre époque et le mépris d'une pensée qui s'en tient exclusivement à ses legs d'antan.

L'état présent des recherches rétablistes met en lumière une relative abondance de documents épars mais consultables pour celui qui sait explorer.

Le mouvement du rétabliste libre appartient à l'histoire. Il apparaît partout où la lucidité développe la conscience de l'individu ; quand se forme une espérance de progrès culturel qui désacralise les dogmes historico-historiographiques !

Il n'a pas sa place dans l'*historicisme* nationaliste. En revanche, il échappe à l'historien attitré par sa spécificité, irréductible aux altérations de la machinerie de ce dernier. Il semble élaborer sans cesse pour une perpétuelle connaissance. Du reste, s'il est une pensée, c'est une pensée de l'Universel. Il répond à l'inclination naturelle de savoir. Il est conscient qu'au centre de ses préoccupations, il place le thème de la vérité et de l'absolu.

Là se situe la ligne de rupture entre l'homme rétabliste et l'homme du dogme historique, entre l'homme de la réalité et l'homme du fantasme. Une opinion commune au rétabliste considère que chacun est capable d'atteindre à la correction historique à identifier la falsification et à étudier la nature de cette identification fallacieuse et le procédé afin d'y parvenir à la corriger.

La falsification caractérise une altération frauduleuse d'une historicité qui n'a pas lieu d'être, c'est-à-dire la création d'un objet, d'un énoncé, d'un événement historique et la destruction d'un autre objet, d'un autre énoncé, d'un autre événement, celui-ci authentique. C'est en cela que le Rétablisme s'attelle à la tâche en luttant contre la tyrannie de l'orthodoxie historique. En effet, quiconque s'oppose à sa volonté s'expose à son *éréthisme*[53], car le pouvoir de la caste historicienne doit être immuable et sans limite.

Chacun portant en soi les irrépressibles sollicitations de la Vérité, il convient de les affiner et de les parfaire par la quête de la connaissance globale. Celle-ci s'exprime ici dans les termes d'une revendication humaine absolue. Il s'agit, en effet, de parfaire sa perception du monde, son discernement de l'univers et par là, sa liberté pour arriver à un état spirituel[54] !

Une même volonté de réhabiliter l'Histoire et l'Historiographie en lui conférant une authenticité et une pureté est une chose naturelle pour le rétabliste. En effet, l'historicité tend à l'impeccabilité, à la régularité scientifique dirons-nous, par le biais d'un courage intellectuel où se révèle la certitude que l'on porte en soi. Par conséquent, être rétabliste, c'est induire une aptitude, une perception épurée de faux-semblants le projet d'une relation socioculturelle où s'épanouit l'Histoire globale de l'Humanité sans aucune partialité, sans aucune omission et surtout sans aucune falsification, ni invention.

Il s'agit de se dépouiller de ce qui entrave et aliène les Sciences historiques. La volonté d'arracher à l'image classique de la caste historicienne qui la fait, la refait et la défait. L'exactitude des données historiques fait que le

---

[53] *Eréthisme.* Excitation anormale.

[54] *Spirituel.* Qui est de l'ordre de l'esprit ou de l'âme, qui concerne sa vie, ses manifestations, qui est du domaine des valeurs morales et intellectuelles.

rétabliste envisage que ces derniers sont une véritable alchimie où après d'âpres efforts intellectuels elles sont ensuite transmuées dans l'espoir d'une réaction en chaîne porteuse de Vérité.

Sans doute n'est-ce pas un hasard si un projet rétabliste accordant une telle importance à la véracité évènementielle et factuelle se donne à connaître aujourd'hui !

IV - Casuisme historico-historiographique

A - Qu'est-ce que l'Historicité ?

Le terme « *historicité* » s'emploie tout d'abord pour révéler qu'un *événement a réellement eu lieu et n'est pas une banale légende ou fable*. Ainsi, on parle, par exemple, de l'historicité de la *Civilisation de l'Islam Classique* [*CIC*], de la genèse des Sciences au IXe siècle ou encore de la falsification factuelle ou évènementielle par les *humanistes*[55]. Il est évident que la création du terme « historicité » évoque mal l'âge de l'histoire critique, c'est à dire l'*histoire scientifique* ou *histoire khaldunienne* laquelle devait déposer normalement la tradition légendaire, mythique, imaginaire. En ce sens, par définition l'expression « *historique* » caractérise le « *non mythique* », le « *non légendaire* », le « *non imaginaire* ».

Ce concept en somme élémentaire d'historicité met en question le concept de vérité. Cette notion demeure la problématique de l'*historisme*, c'est-à-dire du « *relativisme historique* ». En fait, il doit s'agir de la justification de l'intérêt historique, qui, en un sens, doit toujours être un élément de la véracité culturelle qui, à la connaissance du Rétablisme n'a jamais été cultivé. Et pour cause, dès ses origines, il s'agit plutôt d'une prédisposition à mettre

---

[55] Nas E. Boutammina, « Comprendre la Renaissance - Falsification et fabrication de l'Histoire de l'Occident », Edit. BoD, Paris [France], avril 2015. 2ᵉ édition.

systématiquement en valeur l'*apologie historique occidentalo-chrétienne* [socioculturelle, intellectuelle, religieuse, etc.] comme la voie vraiment humaine ou humaniste de la connaissance de la vérité, par opposition à la prétention de vérité et de la métaphysique de l'Islam, l'adversaire à terrasser. Cette ligne de conduite a profondément influencé la pensée judéo-chrétienne des origines à nos jours. C'est un fait établi ou plutôt « *rétabliste* » [*Rétablisme*].

Pourtant, il faudra se demander comment faire occuper par la conscience historique la place que doit occuper le savoir de la Science historique pour arriver à comprendre de manière appropriée le mode d'être de l'historicité réelle des sociétés humaines extra-occidentales, en ce sens, la *Civilisation de l'Islam Classique* [*CIC*] ou *Civilisation perso-berbéro-andalouse* [CPBA], par exemple, vient naturellement à l'esprit.

À travers les sciences humaines, et tout récemment avec l'avènement du problème de la remise en question de l'historicité de l'Histoire et de l'Historiographie orthodoxes par le Rétablisme, cette tâche domine toute l'évolution de la pensée contemporaine.

1 - Les intuitions du Rétablisme

Afin de témoigner d'une vitalité d'esprit, il est essentiel d'être nanti d'une connaissance directe et immédiate d'une vérité qui se présente à la pensée avec la clarté d'une évidence, qui servira de principe et de fondement au raisonnement discursif. En défendant la *critique historique* par opposition à la « *servilité historique* », la raison rétabliste encourage l'idée de l'expérience historique au niveau de la Science de l'Homme. Mais c'est dans les écrits et la pensée de A.R. Ibn-Khaldun [1332-1406], que s'installa cette tendance particulière de la pensée qui, en critiquant expressément l'historicité frauduleuse factuelle et évènementielle des chroniques, universellement répandue, attaqua le mensonge et la falsification. C'est cette noblesse de la raison, l'optimisme de la Vérité et du progrès civilisationnel que professe le Rétablisme.

Le flair singulier du rétabliste franchit la surface tumultueuse de la conscience de la caste historicienne pour remonter à la vérité et à la réalité. Le concept sur laquelle repose la pensée est celui de la raison guidée par la Science qui fournit une nouvelle parade à l'ancienne justification de la tradition historico-historiographique [des IXe et XXe siècles] par le système culturel géocentrique du monde occidentalo-chrétien.

Ce dernier était pensé comme une réalité historique immuable, qui doit se déployer au cours des temps et sur les espaces du globe en une exemplarité d'expression. C'est cela le *concept humaniste* désignant ce que doit être l'ensemble des sociétés humaines qui, déjà en ces temps [Moyen-Âge, Renaissance, époque moderne] constitue la nature historique exclusive de l'Humanité. Voilà les projets humanistes pour la « *société humaine* » que transcende, propage et installe le dogme *historico-historiographique orthodoxe* ou *humaniste*. Celui-ci possède en propre un capital abondant, égal à son ambition elle-même. Quelque chose de toujours ajustée, de toujours opportuniste tend à se faire jour en lui. Par conséquent, il n'est nullement question, ici, d'historicité, c'est à dire le fait d'être historique ; il n'est plus du tout un concept évident, il s'oppose *ipso facto* aux lois des Sciences historiques.

L'attrait que représente l'Histoire pour la connaissance résulte de la quête de la Vérité créatrice de Civilisation humaine, qui alimente son historicité d'où découle son histoire et son historiographie !

Cette quête ne consiste donc pas seulement dans l'éventail des recherches par lesquelles s'actualise une disposition historique préalablement donnée, mais également dans le fait que la Civilisation humaine acquiert constamment de nouveaux progrès. Ce que l'Homme *historise* [scientifiquement] peut être constamment enrichissant pour lui [*connaissance*] et sa société [*civilisation*] en raison de la conscience que l'homme a de lui-même comme *entité historique*. Qu'il conçoive ce qu'il était réellement, véritablement se rapporte à ce qui va être, le rappelant à sa mémoire, donc à son Histoire. Qu'à cela ne tienne à ce qu'au contraire, l'homme se rejette, en se découvrant. Quoi qu'il en soit, il est, quoi qu'il veuille, à la fois un être du passé lointain et un être qui vit dans son avenir. C'est à ce type d'horizon, vaste champ de projets que le Rétablisme encourage en redorant le blason de l'Histoire [scientifique] et rehausse l'image de l'Historien impartial, dévoué à la Vérité, ce pourquoi il a été, normalement, formé lors de ses études.

Envisager l'histoire du monde, c'est développer la quiddité historique de l'Homme, et par là, ce n'est donc plus concevoir une catéchisation tendant à une pérennisation vers laquelle serait orientée l'histoire du monde, et ce n'est non plus pas adopter une monographie « monoculturelle » historique désespérée qui schématise les constantes civilisationnelles originelles de la société humaine !

L'audace nouvelle de la pensée rétabliste ne voit pas l'historicité de la Civilisation humaine se détacher sur le fond d'une origine artificielle monoculturelle. L'historicité ne signifie ni une limitation de la connaissance évènementielle ou factuelle, ni l'une des propriétés d'une catégorie de groupe d'individus, mais son substrat.

Dans les intuitions rétablistes, le problème *historicien* de l'historicité de l'Occident chrétien, par exemple, avec ses origines historiques adoptées, sa constitution culturelle reproduite ne peut aucunement prétendre au couronnement de toute l'Histoire humaine. La tâche qui se prescrit consiste, donc, à reconnaître le sens de l'historicité du monde comme le but final de la quête historique et historiographique.

2 - La conscience historique

La critique des idées dogmatiques de la caste historicienne consiste à penser à remonter aux sources de l'historicité évènementielle et factuelle et à les authentifier, et cela dans la conscience d'une liberté d'expression effective.

La ligne de conduite intellectuelle à suivre est de chercher à déterminer positivement l'historicité de l'Histoire institutionnalisée [par la caste historicienne], à concevoir un état qualitatif dont elle est issue, et de découvrir sa forme falsificatrice originelle. Le schème de l'historicité se formule à partir de l'essence de l'histoire qui consiste en ce qu'elle est constamment en train de s'actualiser. Et il appartient aux expériences propres à notre époque de découvrir que les progrès des Sciences historiques [techniques et contenus] ne signifient pas uniquement une simple augmentation positive des retombées thématiques pédagogiques, documentaires, etc., mais une réalisation majeure quant à la véracité de l'historicité de tel ou tel événement ou fait.

Cependant, l'idée d'une véracité de l'historicité évènementielle ou factuelle ramène au concept de l'*Histoire universelle.* D'où le caractère unique et singulier des faits historiques, en la reliant à l'interrogation inéluctable de l'objectif final de l'Histoire. Celui-ci doit être conforme au concept de l'esprit scientifique, impartial qui le traite, qui l'observe, le considère, l'analyse et enfin le révèle tout en ayant en tête que toute proposition, toute idée critique encourageant la conception de la vérité a une signification en soi historique.

Les stades que parcourt l'évolution de l'historicité impliquent à la fois suppression du mensonge, sublimation de l'erreur et extraction du vrai. La maturité de l'histoire du monde se mesure à la nécessité qui commande scientifiquement le développement historique de l'humanité. Par là, elle ne tolère pas l'existence des hasards de l'histoire et l'irrégularité absolue de sa composition et de sa distribution. Elle doit nécessairement intégrer l'unique réalité du rationnel qui domine ainsi l'historicité. Par conséquent, grâce à celle-ci, la signification de l'histoire comme telle se place au centre de la pensée humaine. Elle devient le pendant et l'homologue de la Science de l'Histoire.

A ce titre, curieusement le Rétablisme justifie l'authentique valeur ontologique de l'Histoire avec les moyens de la réflexion scientifique !

3 - L'école de l'Historicité

Contre les illusions de la spéculation qui identifie la réalité de l'histoire, c'est à dire l'historicité, avec celle de l'ambition des stratèges et les privilèges de la caste historicienne, les rétablistes exercent leur critique textuelle. C'est en partant de ce type d'examen de la vision radicalisée de l'orthodoxie historique que le Rétablisme établit son travail critique. Ce n'est donc pas un hasard si la critique rétabliste de la construction d'une invraisemblable historicité s'oriente naturellement vers une tendance polémique.

Que le substrat de l'historicité doive apparaître historiquement est la conviction du *Rétablisme*, en somme une *école de pensée historique*. Celle-ci développe son propre *esprit*, loin de l'affairisme, de l'opportunisme et de l'arrivisme par la critique scientifique, textuelle, documentaire, etc., d'un concept de l'*Historicité*. Rappelons que ce dernier fut spolié et travesti depuis des siècles [du IXe au XXe siècle] par des congrégations ambitieuses [stratèges aristocratiques, bourgeois, religieux, humanistes, etc.][56]. Par ailleurs, elle [l'école de pensée historique rétabliste] reste, certainement, plus proche de la véracité évènementielle et factuelle car elle admet tout principe explicite ou argument réfutant sa propre méthode.

L'école de pensée historique rétabliste ne peut prétendre à la conceptualisation de l'Histoire des sociétés humaines [civilisations] sans une idée directrice unique sans laquelle rien n'a aucun sens : l'*historicité*. Dans cette prospection empirique de l'Histoire et de l'Historiographie se trouve la restauration des manifestations de la Vérité, dans laquelle l'historien doit se plonger entièrement. Une telle approche constitue pour lui une reconnaissance de la réalité propre de l'Histoire et dissiperait les incohérences qui la déprécient.

Le phénomène de l'Histoire consiste justement en ce que l'historicité a de la puissance. Ici le problème particulier qui se pose est celui du rapport entre elle et sa signification. Consolider sa position dans la pensée scientifique irréductible constitue la véritable Histoire. C'est là sans doute le thème fondamental de la critique textuelle de l'école de pensée historique rétabliste dirigée contre la fabrication à priori de l'Histoire [des sociétés humaines] !

Mais l'achèvement de cette analyse ontologique de l'Histoire constitua une tâche qui occupe et domine tout le cheminement de la pensée du Rétablisme.

---

[56] NAS E. BOUTAMMINA, « Les contes des mille et un mythes - Volume II », Edit. BoD, Paris [France], novembre 2011.

4 - Etat d'être de l'Historicité

En toute modestie, le *Rétablisme*, en tant qu'*école de pensée historique* prend conscience des conséquences [socioculturelles, politiques, religieuses, idéologiques, etc.] que contient l'héritage *historico-historiographique orthodoxe*, et qui, avec l'idée de « *groupe social élu* » ou « *européocentrisme morbide* », remet aussi en question l'idée d'une pseudo-vérité intemporelle et par-là, la réprobation même du terme « *historicité*.

Dans cet effort à penser l'Histoire l'esprit formule l'intérêt à comprendre l'historicité. En un certain sens, le mot historicité découle de son sens propre, celui de la création conceptuelle irréfutable !

En soi, c'est évidemment une formulation qui introduit à l'Histoire [scientifique], celle qui développe la différence catégoriale entre *dogmatisme historico-historiographique* [*Orthodoxie historique*] et *empirisme historico-historiographique* [*Rétablisme*], en caractérisant le sens historique d'un concept comme celui d'historicité et son sens pur.

Par opposition à la pseudo-historicité dite « *classique* » ou *dogmatisme historico-historiographique*, c'est la caractéristique de l'historicité en tant que promotrice conceptuelle du contenu des Sciences historiques qui doit être considérée comme phénomène de la réflexion historique. Il est aisé de trouver dans l'action rétabliste des formules qui sont tout à fait inspirées par l'esprit scientifico-déductif.

Par conséquent, la connaissance de l'Histoire est son historicité elle-même !

Mais c'est uniquement dans la comparaison entre les deux courants d'idée ou mode de pensée [Rétablisme et Orthodoxie historique] et dans leur effort commun de pensée que se révèle clairement toute la Vérité. C'est en cela la manière d'*être* de l'historicité en recourant à sa propre *ontologie*, c'est à dire l'ensemble de ses vérités fondamentales.

La divergence des deux modes de pensée est l'archétype unique pour saisir la tension problématique qui se déploie entre le dogmatisme de l'un et l'empirisme de l'autre. C'est un vieux thème idéologique que la Vérité ne peut être saisie que d'une manière adéquate par la clarté de la conceptualisation scientifico-déductive !

La solution rétabliste pose le problème de l'aversion à l'égard de la falsification, problème dont le *fait-fiction* ou l'*événement-fable* ne doit plus rester la solution spéculative contemporaine de l'Histoire [scientifique]. L'idée rétabliste de la phénoménologie de l'historicité, ainsi que son objectif est de manifester sa substance comme sujet ou objet du contenu historique.

5 - Problématique des Sciences humaines

L'idée ou le sens de l'*ontologie*[57] de l'Historicité est une notion assez inhabituelle dans la dialectique de la caste historicienne des Universités et des Facultés des Sciences

---

[57] En tant qu'ensemble des vérités fondamentales de l'historicité.

historiques et sociales. Quant à son concept en tant que trame de fond du savoir et sa signification comme le fondement de toute connaissance historique, il est reclus dans l'*herméneutique*[58].

L'Histoire et l'Historiographie doivent être établies par une construction scientifique à priori, et par la recherche déductive. L'hypothèse selon laquelle l'ensemble significatif de l'Histoire et de l'Historiographie présente une somme de connaissance irréfutable peut se légitimer si toutefois celle-ci se fond sur les sciences [humaines et expérimentales].

C'est pourquoi, la problématique des *Sciences humaines classiques* [par rapport aux *Sciences humaines « rétablistes »*] se situe au niveau traditionnel et dogmatique, au lieu d'être de la résultante des influences causales et explicatives ou encore descriptives et compréhensives.

Cependant, l'ensemble de l'Histoire n'est pas expression en us et coutumes, traditions, mœurs mais considéré comme le cours des évènements réels. Il est significatif que le modèle privilégié du Rétablisme soit une vision comparative et rétrospective historico-historiographique.

Au cours de l'Histoire des sociétés humaines, l'enchaînement causal de l'historicité est indubitable. La doctrine sur la structure du monde historique dans les

---

[58] *Herméneutique*. Théorie, art de l'interprétation des signes, de leur valeur symbolique.

Sciences humaines classiques n'apporte finalement aucune réponse à cette question. Sa typologie et sa vision de l'Histoire universelle qu'elles cherchent derrière l'historicisation classique, c'est à dire celle érigée à l'époque médiévale, fabriquée à la Renaissance, institutionnalisée à l'époque moderne et imposée à l'époque contemporaine. Quoi qu'il en soit, cette historicisation forcée reste aux yeux des Sciences humaines un acquis mais elle n'est pas moins une réalité *extra-historique*.

B - Paradoxes historiques et historiographiques

Un *paradoxe* est une affirmation surprenante en son fond et/ou en sa forme, qui contredit les idées reçues, l'opinion courante, les préjugés. C'est également une proposition qui, contradictoirement, mettant la lumière sur un point de vue *prélogique* ou irrationnel, prend le contrepied des certitudes logiques, de la vraisemblance.

1 - Premier paradoxe

L'Histoire [de type *khaldunien* ou scientifique] est très récente en Europe. Elle date du XXe siècle. Malheureusement, elle est toujours entachée de mystifications, de préjugés, d'erreurs grossières, de non-sens, héritage des récits du Moyen-Age, des chroniques de la Renaissance et des *épopées*[59] ou *historiettes*[60] de l'époque

---

[59] *Epopée.* Long poème ou vaste récit en prose au style soutenu qui exalte un grand sentiment collectif souvent à travers les exploits d'un héros historique ou légendaire.

[60] *Historiette.* Court récit écrit ou oral, vrai ou faux, souvent plaisant, sans grande importance.

moderne. Les historiens attitrés restent fidèles à ce genre de patrimoine *paléographique*[61].

Il existe dans l'œkoumène [ou écoumène] judéo-chrétien des centaines de milliers d'historiens spécialistes de toutes les chronicités historiques : période de l'Antiquité, période du Moyen-Âge ou médiévale, période moderne [*Siècle des Lumières*] et période contemporaine. Ces disciplines historiques sont subdivisées en spécialités et sous-spécialités qui englobent des dizaines de milliers de professions. Par exemple pour l'époque médiévale : *société médiévale, économie médiévale, architecture médiévale, littérature médiévale, art médiéval, iconographie médiévale, paléographie médiévale, mœurs médiévales, us et coutumes médiévaux,* etc. Toutes ces spécialités historiques réunies dans un ensemble que l'on appelle Histoire sont exclusivement axées sur la Chrétienté [Occident] comme si les sociétés chrétiennes vivaient simplement et uniquement en autarcie sans aucun contact avec le reste du monde, sans aucune relation avec les sociétés environnantes non-occidentales. Il s'agit du *Christianocentrisme* ou *Européocentrisme.*

De ces dizaines de milliers de médiévistes [spécialistes de la période du Moyen-Âge] qui occupent les chaires d'Histoire dans les Facultés [Sciences humaines, des Sciences -Médecine, etc.- des grandes Ecoles, etc.], Collèges, des Lycées, etc. ; l'idée ne les a même pas

---

[61] *Paléographique.* Relatif à la Paléographie. Qui est l'étude des écritures anciennes, de leurs origines et de leurs modifications au cours des temps et plus particulièrement de leur déchiffrement.

effleurée, à savoir se poser quelques questions basiques, ordinaires, simples, banales de type :

- *Y-a-t-il eu des traducteurs judéo-chrétiens qui traduisaient les œuvres des auteurs perso-berbéro-andalous en version grecque ou latine ?*
- *Qui sont-ils ? Combien sont-ils ? Quelle est leur origine ?*
- *Qu'ont-ils traduits ?*
- *Quelle quantité textuelle ont-ils traduit ?*
- *Où ont-ils été traduits ?*
- *Qui les a fait traduire ?*
- *Que sont-elles devenues ces traductions ?*
- *Que sont devenus les manuscrits originaux qui ont servis à la traduction ?*
- *Ces traductions ont-elles été des références intellectuelles, socioculturelles ?*

Dans toute la chrétienté des milliers de traducteurs secondés par des milliers de moines copistes de toute origine dans les grands centres de transcriptions [Tolède, Sicile, Byzance, Vatican, Cluny, etc.] ; ainsi que dans les scriptoriums de toutes les abbayes, monastères, églises, centres ecclésiastiques s'adonnaient à la récupération [achat, confiscation, mainmise, donation, etc.], à la traduction [en version latine, grecque, vernaculaire, etc.], à la copie des œuvres des savants perso-berbéro-andalous de manière industrielle.

Pas une seule fois, les médiévistes ne se sont posés les questions suivantes qui pourtant se bousculent dans les esprits :

- *Les savants perso-berbéro-andalous sont peut-être les fondateurs des sciences, après tout ?*
- *Ces savants ont peut-être réellement crée les diverses sciences et ceci de leur propre chef, grâce à leur mode de raisonnement original, de leur sens génial d'observation et d'analyse ?*
- *Quel est l'environnement [social, religieux, culturel, etc.] qui leur a permis de faire éclore leur connaissance et qui n'a jamais été observé dans aucune autre société humaine et à aucune autre époque ?*
- *A quelle source intellectuelle [spirituelle, morale, etc.] ou sur quel type d'outil réflexif ces savants ont-ils puisé leurs idées ou leurs pensées pour établir leurs œuvres, leurs recherches, leurs découvertes ?*
- *Y-a-t-il quelque trace des « livres », des textes et des œuvres d'origine grecque censés avoir été copiés par les savants perso-berbéro-andalous ?*
- *S'ils existent où sont-ils ?*

De ce fait, conscients de cette problématique, les médiévistes ne devraient-ils pas collaborer avec leurs confrères les spécialistes de l'Histoire de l'Antiquité, en l'occurrence ceux de la Grèce antique afin d'y répondre d'une manière objective, donc scientifique.

Par-là, on entend une étude de la société gréco-romaine selon une démarche réellement moderne, nouvelle et experte en se servant des outils tels que l'Archéologie, l'Histoire scientifique, etc. Et non en se servant, en usant et en abusant de la sempiternelle *Histoire* échafaudée à l'époque médiévale et institutionnalisée à l'époque de la Renaissance.

Il est temps que l'Histoire du XXIe siècle se défait et rejette ce type de legs historiographiques qui reposent sur des vestiges anti-scientifiques, donc antihistoriques !

2 - Second paradoxe

Des dizaines de milliers d'historiens spécialistes de l'Antiquité gréco-romaine n'ont jamais eu la moindre suspicion, contestation ou controverse à propos de la conception intellectuelle de l'Univers des sociétés antiques en général et celle gréco-romaine en particulier.

Tous ces spécialistes de cette période chronologique de l'Histoire sont unanimes pour affirmer que toutes les sociétés de l'Antiquité étaient sans le moindre doute des sociétés mythologiques, superstitieuses, légendaires, magiques. Leur conception de l'Univers [vie, cosmos, nature -faune, flore-, éléments, etc.] démontre qu'archéologiquement, anthropologiquement, historiquement était d'essence irrationnelle, illogique, insensée !

A preuve du contraire, donc, ces notions [mythe, superstition, légende, magie, etc.] sont antiscientifiques, antinomiques avec celles rationnelles, logiques, raisonnables, scientifiques. Par définition, la science est antonyme de mythe, de magie, etc. C'est une affirmation indéniable et unanime de la communauté des historiens attitrés toute spécialité confondue.

Problématique

- *Pourquoi parler de « savants » fondateurs de Sciences dans des sociétés foncièrement mythologiques, superstitieuses, légendaires, magiques et par principe antiscientifiques ?*
- *Pourquoi des « savants » spécifiquement et exclusivement d'origine grecque ?*
- *Pourquoi pas des « savants » d'origine perse, mésopotamienne, égyptienne, assyrienne, phénicienne, carthaginoise, etc. ?*
- *Si de tels « savants » grecs avaient existé, comment se fait-il que leur société pataugeait toujours dans la mythologie, la magie, la superstition, les légendes, le culte des héros, etc. Et cela, jusqu'au Moyen-Âge, au XIe siècle, où les peuples de la chrétienté ont hérité de cette « culture » hellénique avant que les premiers ouvrages [scientifiques, techniques, littéraire, théologique, etc.] de savants perso-berbéro-andalous soient connus, traduits, copiés et recopiés ?*
- *Pourquoi aucune société antique [Egypte, Perse, Mésopotamie, Assyrie, Phénicie, Carthage, etc.] voisine de celle de la Grèce [et de Rome] antique n'ont jamais entendu parlé de « sciences grecques » ? Surtout que ces sociétés-là établissaient des relations commerciales, diplomatiques, culturelles et belliqueuses [conflits armées] !*
- *Pourquoi ces sociétés antiques voisine de celle de la gréco-romaine [Egypte, Perse, Mésopotamie, Assyrie, Phénicie, Carthage, etc.] ne possède aucun document, ni aucun texte, ni aucun écrit, ni aucune*

narration, ni aucun récit même oral, ni aucune allusion à un quelconque « savant » grec qui plus est a révolutionné par ses idées, ses concepts, ses postulats, ses théories l'univers mythologico-superstitieux alors en vigueur dans toutes les sociétés de cette époque antique ?

- *Pourquoi ces « savants » grecs sont-ils attestés que par l'Occident chrétien et par aucun autre peuple ou société hors d'Europe ?*

- *Pourquoi les sociétés gréco-romaines n'ont-elles pas profitées des retombées intellectuelles, scientifiques, socioculturelles, technologiques, économiques, etc. des travaux et des découvertes de leurs soi-disant « savants » ?*

Les médiévistes judéo-chrétiens n'ont jamais opté ce genre de questionnement :

- *Pourquoi les médiévistes n'étudient-ils pas l'époque du Moyen-Âge musulman ou musulmanité comme il se fait ordinairement pour le Moyen-Âge chrétien ou chrétienté ?*

- *Pourquoi les médiévistes laissent-ils cette période capitale [musulmanité - Civilisation de l'Islam Classique] pour la compréhension de la culture et de la société occidentale à l'emprise discrétionnaire des Orientalistes ? En effet, ces derniers n'ont pas les mêmes motivations, les mêmes crédits, les mêmes moyens matériels et humains, le même public et surtout le même intérêt à dévoiler la véracité évènementielle et factuelle de ces périodes chronologiques [IXe-XXe siècle].*

Observation

L'*Orientalisme* est né à l'origine d'une politique colonialiste. Etudier l'Islam [et donc le musulman] d'un point de vue méthodique et cela dans tous les domaines du savoir : *historique, sociologique, anthropologique, linguistique, politique, culturel, religieux*, etc., afin de cerner le problème « *oriental* » pour une efficacité optimale au service du système, de l'appareil « *colonial* » [*colonialisme*].

3 - Autres paradoxes

L'ignominie des dirigeants et des intellectuels des pays du Maghreb, par exemple, les principaux concernés dans ce dossier de la falsification historique et historiographique. Ces derniers sont incapables d'élaborer un projet socio-culturel afin de récupérer leur propre patrimoine historique spolié.

Des questions, encore des questions affluent :

- *Pourquoi n'érigent-ils [dirigeants et intellectuels des pays du Maghreb] pas des Facultés de Sciences humaines compétentes de type européen ?*
- *Pourquoi n'établissent-ils pas des programmes de recherche et de diffusion sur la falsification de l'Histoire, par exemple ?*
- *Pourquoi n'encouragent-ils pas la formation d'Historiens spécialistes de la période de l'Antiquité, en particulier celle du Maghreb, du Moyen-Âge et des siècles suivants [XVIe siècle, époque moderne, époque contemporaine] de la musulmanité ?*

- *Pourquoi ne disposent-ils pas de programmes d'Histoire comparée [contre-histoire] des sociétés antiques et surtout gréco-romaines ?*
- *Pourquoi n'aménagent-ils pas des programmes d'études historiques afin de les confronter à ceux de l'Occident afin de croiser leurs travaux et de vérifier leur historicité [exactitude] ?*
- *Pourquoi ne créent-ils pas des chaires ou départements universitaires dispensant l'Histoire de la musulmanité, l'Histoire de la chrétienté, l'Histoire des Sciences et la falsification historique et historiographique [de la musulmanité et de la chrétienté] en leur allouant un budget, des moyens matériels et humains conséquents ?*
- *Pourquoi ces Etats ne se servent-ils pas de leur influence sur les gouvernements occidentaux pour faciliter l'accès aux manuscrits, textes, écrits et documents de la musulmanité celés dans les bibliothèques, les musées, les collections privées pour rétablir la vérité historique et historiographique ?*
- *Pourquoi ces Etats n'encouragent-ils pas ce type de disciplines que sont les Sciences humaines ?*

Quoi qu'il en soit, les historiens attitrés ne sont-ils pas des fonctionnaires de l'Etat ? Et à ce titre, ne lui doivent-ils pas allégeance. Ne doivent-ils pas suivre une ligne de conduite qui ne porte pas atteinte à la sureté morale et mentale et à l'autorité de l'Etat, de l'Histoire nationale ?

Ces « *chroniqueurs* » étatiques *ricanent*[62] lorsqu'on [rétabliste, scientifique] fait allusion aux erreurs, aux partis pris mensongers, à la falsification de l'Histoire en général ou à celle des Sciences en particulier [qui nous intéresse dans cette étude]. Au delà de ce rire sarcastique s'annonce la « *réponse du gnou*[63] » : « *Ceux [les non-historiens attitrés, rétablistes] qui avancent ce type de thèses [c'est à dire remettre en question l'Histoire et l'Historiographie] ne sont pas des historiens, ils ne savent pas de quoi ils parlent. Nous, les historiens attitrés, nous avons passé des années à la Faculté des Sciences humaines à observer, à étudier et à analyser toutes sortes de documents, d'archives, de manuscrits, de textes, etc. Et grâce à ce travail acharné, nous sommes parvenus à décrocher un diplôme en « Sciences historiques » et à avoir notre titre d'historien !* »

Les questions fusent dont voici quelques-unes :

- *D'où proviennent ces documents : écrits, textes, archives, manuscrits, etc., et où étaient-ils conservés ?*
- *Qui les a produit et dans quel but ?*
- *De quelles périodes datent-ils ?*

---

[62] *Ricaner.* Rire d'une manière forcée ou contenue avec une intention malveillante, pour exprimer de la moquerie ou du mépris.

[63] *Gnou.* Ruminant d'Afrique australe, du genre antilope, dont la taille, la crinière et la queue rappellent celles du cheval, et les cornes recourbées celles du bœuf. Par cette expression, on entend : « *une personne qui manque d'intelligence, d'ouverture, de vivacité d'esprit, qui dit ou fait une chose sans intelligence, sans discernement* ». Dans ce même état d'esprit, il y a aussi « la *question du gnou* », « *l'attitude du gnou* », « *l'esprit du gnou* », etc. C'est dire les actes, les écrits, les paroles qui traduisent le défaut d'intelligence, de jugement, de bon sens de certains individus.

Où les historiens attitrés actuels ont-ils été instruits de l'Histoire qu'ils prônent ? Naturellement, dans un *Temple* [Université, Faculté des Sciences humaines] où règne un *dogme* : l'*Histoire orthodoxe* [ou officielle]. Et dans tout temple règnent des prêtres, les *Pères* et *Pairs*[64] de l'Histoire orthodoxe [directeur de recherche, directeur de thèse] dispensateurs du crédo, des règles, de la doctrine, de la foi historique. Ainsi que des novices ou étudiants ou encore *apprentis-historiens* qui vont pérenniser l'*Histoire orthodoxe*.

On peut rétorquer aux historiens diplômés ou attitrés [agrégés d'histoire] la phrase suivante : « *Ce n'est pas parce que vous [historiens diplômés et attitrés] vous êtes instruits et que vous avez étudié niaisement pendant des années un contenu historique et historiographique dont l'historicité est des plus invraisemblables sans esprit critique, sans questionnement ; pire, vous vous contentez de reproduire à l'infini la catéchèse ou programme historico-historiographique inculqué par les pairs de l'Histoire orthodoxe [humanistes], que vous témoignez et que vous authentifiez comme vérité historique derrière le paravent des Sciences de l'Histoire !* »

La noblesse d'âme est de reconnaître les erreurs, la duperie, l'imposture, la falsification de l'enseignement et de la propagande de l'Histoire et de l'Historiographie. Il s'agit d'une question d'honnêteté intellectuelle. En effet, il vaut mieux remettre en question cet acquis scolaire ou universitaire tardivement que jamais. Malheureusement, étudier pendant des années dans une Université ou une

---

[64] *Pair*. Personne de même situation sociale, de même titre, de même fonction qu'une autre personne.

Faculté un contenu douteux est douloureux pour l'ego, certes mais pas catastrophique. Il suffit de rebondir sur la Vérité pour retrouver son bon sens moral et son équilibre cognitif !

La preuve en est que l'étudiant n'a aucun choix quant à la forme ou au fond du programme d'études qu'il va *ingurgiter* ainsi que sur son sujet de thèse qui doit correspondre à la politique pédagogique de l'Université [politique de la « *maison* » oblige], au pouvoir discrétionnaire du directeur de thèse ou du directeur de recherche. Être réfractaire à cet état d'esprit se résume, pour l'étudiant, par une impossibilité à achever ses études dans de bonnes conditions ou à les couronner par un mémoire ou une thèse, ultime étape à l'obtention d'un diplôme universitaire [ou d'une grande Ecole]. Pire, par l'exclusion administrative pure et simple des études des Sciences historiques. Motif invoqué : réorientation ou choix d'une autre filière !

Le type d'attitude du Temple de l'Histoire orthodoxe est l'*excommunication*[65] pour cause d'*hérésie*[66] *historique* : aller à l'encontre de l'ordre historico-historiographique

---

[65] *Excommunication*. Fait de rejeter, d'exclure quelque chose comme n'étant pas conforme à un modèle, à une éthique. Exclusion d'une société, d'un parti, comportant privation des droits et avantages octroyés aux membres de cette société, de ce parti. Sanction qui retranche quelqu'un d'une communauté religieuse.

[66] *Hérésie*. Doctrine, opinion qui diffère des croyances établies, condamnée par l'Église catholique comme contraire aux dogmes. Par extension, doctrine, opinion, méthode qui choque les opinions couramment admises.

préétabli. De ce fait, un individu soulevant des critiques, des observations, des études, des analyses, des constats visant la remise en cause ou le doute relatif à l'*Histoire orthodoxe* ou *Chroniques institutionnelles* est sujet à la *mise à l'index*[67].

Fût un temps où c'était la caste sacerdotale qui s'exprimait par des actes beaucoup plus radicaux à l'encontre de l'hérétique ou du blasphémateur !

---

[67] *Index.* Liste officielle [établie d'abord par la congrégation de l'Index, puis par le Saint-Office] des livres dont la lecture est interdite aux catholiques en raison des dangers qu'ils peuvent représenter pour la foi ou les mœurs.

Conclusion

L'action rétabliste n'est pas négligeable, loin de là. Elle permet, en assurant une meilleure compréhension de l'Histoire et de l'Historiographie, d'agir sur la falsification consciente ou involontaire, de réaliser un « *rétablissement* » de la Vérité avec une portée durable.

La prise de conscience de la nocivité intellectuelle et socioculturelle de l'Histoire et de l'Historiographie orthodoxe a pour but de redonner à tout individu en quête de la vérité, une autre version aussi satisfaisante que possible. Elle empêchera les déformations et les falsifications historico-historiographiques par la mobilisation active des bonnes volontés de s'opposer au dictat de la *caste historicienne* qui est en cause [depuis des siècles] et c'est sur son *Système* qu'il faut agir.

Être vigilant permet à l'individu de bénéficier d'une meilleure utilisation de sa richesse historique authentique, patrimoine de la *Civilisation humaine* toute entière.

Il est incontestable que la tendance « *intégriste* » de l'*Orthodoxie historique* prend son origine dans la réaction catholique et l'élite dirigeante [bourgeoisie -financiers, banquiers-] à la transformation politico-culturelle [*libéralisme*] issue de la politique systématique de traduction et de copie en version latine des œuvres scientifico-littéraires des savants de la *Civilisation de l'Islam Classique* [*CIC*] ou *Civilisation perso-berbéro-andalouse*

[*CPBA*]. Celle-ci fût entreprise par les pouvoirs spirituel [Eglise] et temporel [bras séculier] ayant débuté au Moyen-Âge [IXe siècle] et institutionnalisée à l'Epoque moderne [XVIe siècle - *Renaissance*] et à l'Epoque contemporaine [XVIIIe siècle - *Siècle des Lumières*].

Il est temps d'abandonner ce laxisme morbide quand il s'agit des fondements de la falsification historique puisque la vérité y est indubitablement engagée : il faut donc être sur une position intransigeante en terme d'historicité ou d'authenticité historique !

Index alphabétique

Table des matières

Conclusion

Index alphabétique

Table des matières

Edition : Books on Demand, 12-14 rond-point des Champs Elysées, 75008 Paris
Impression : Books on Demand GmbH, Allemagne
ISBN : 9782322018666
Dépôt légal : juin 2015

FSC
www.fsc.org
MIXTE
Papier issu
de sources
responsables
Paper from
responsible sources
FSC® C105338